-人口发展与公共政策丛书-

丛书主编：杨云彦

计划生育利益导向政策和普惠公共政策衔接研究

何雄 著

武汉大学出版社

图书在版编目(CIP)数据

计划生育利益导向政策和普惠公共政策衔接研究/何雄著. —武汉:武汉大学出版社,2016.12
人口发展与公共政策丛书/杨云彦主编
ISBN 978-7-307-18731-3

Ⅰ.计… Ⅱ.何… Ⅲ.计划生育—人口政策—研究—中国 Ⅳ.C924.21

中国版本图书馆 CIP 数据核字(2016)第 235278 号

责任编辑:郭　静　谢　进　　　责任校对:李孟潇　　　版式设计:马　佳

出版发行:武汉大学出版社　　(430072　武昌　珞珈山)
　　　　　(电子邮件:cbs22@whu.edu.cn　网址:www.wdp.com.cn)
印刷:武汉中科兴业印务有限公司
开本:787×1092　1/16　印张:9.25　字数:170 千字　插页:1
版次:2016 年 12 月第 1 版　　2016 年 12 月第 1 次印刷
ISBN 978-7-307-18731-3　　　定价:35.00 元

版权所有,不得翻印;凡购买我社的图书,如有质量问题,请与当地图书销售部门联系调换。

特 别 说 明

本书为国家社会科学基金重大项目"完善人口与计划生育利益导向政策体系研究"（项目编号：11&ZD038）子课题四"计划生育利益导向政策和普惠公共政策的关系研究"研究成果。

总　序

　　35年，在人类发展的历史长河中只是白驹过隙的一瞬之间，但在人口发展的历史上，却注定留下浓墨重彩的一笔。1980年中共中央发表《关于控制人口增长问题致全体共产党员、共青团员的公开信》，标志着"独生子女"政策的启动，其主要特征就是通过强力的政策力量，干预大众生育行为，促进人口转变的公共政策实践。到2015年十八届五中全会宣布全面实施一对夫妇可生育两个孩子的政策，既表明独生子女政策完成其历史性使命，又标志着计划生育政策进入一个新的时期。35年的人口发展和政策实践，给我们留下了大量值得理性思考和科学研究的课题。

　　从政策层面看，我国的计划生育工作取得的成效值得充分肯定。计划生育工作加快实现了人口再生产类型由传统型到现代型的历史性转变，有效地缓解了人口对资源、环境的压力，有力地推动了经济发展和社会进步。但是，在控制人口增长、实现低生育水平的同时，也带来诸多不利的社会后果和潜在风险，包括家庭抵御风险的能力减弱，人口老龄化步伐加快加重等。适时调整完善生育政策非常必要。

　　中央启动"单独二孩"政策后，激发了学界和社会各方的高度关注，有观点认为政策"遇冷"，有观点认为基本符合预期，在这些不同观点的背后，一个基本的判断是，我国的人口转变已经从外生主导型阶段进入到内生主导型阶段。在这样一个判断之下，怎样看待当前的人口形势和生育行为的走向，怎样完善政策促进人口长期均衡发展，成为新时期非常迫切的研究课题。

　　着力创新理论和分析框架，阐释人口转变从外生型到内生型的变化机制，对准确定性当前人口生育行为的变化情况以及发展趋势，判定低生育水平地区是否面临低生育水平陷阱的风险，避免人云亦云、就事论事，是非常必要的。关于人口红利的系统、深入研究，将有助于我们更全面、准确地理解人口、劳动力供给、人力资本与经济增长的关系，丰富宏观人口经济学的理论。人口长期均衡发展和提升家庭发展能力，包括当下广泛见诸新媒体的有关二孩生育"生不起"的说法，是简单的抚养成本问题，或是深层的社会行为变化，我们是否应该有利益导向机制上的新应对，这既是政策问题，在很大程度上更是理论问题，它为我们超越传统的生育理论提供了新的探索空间。我们需要对既有政策进行系统梳理，科学评估，既要解决"怎么看"的问题，又要解决"怎么办"的问题。

计划生育利益导向政策是新形势下实现政策目标的重要政策措施。早在1980年公开信中就指出，"为了控制人口增长，党和政府已经决定采取一系列具体政策。在入托儿所、入学、就医、招工、招生、城市住房和农村住宅基地分配等方面，照顾独生子女及其家庭"，明确了对计划生育家庭的优惠帮扶政策。在新形势下，这一政策不断充实完善。在我们承担国家社会科学基金重大项目"完善人口与计划生育利益导向政策体系研究"期间，经历了从单独二孩到全面二孩的重大政策调整，为我们研究人口转变新阶段的公共政策响应提供了难得的机遇。我们从利益导向政策评价、人口转变和生育行为变化、家庭发展能力、人口长期均衡发展、三维人口红利等专题开展研究，取得了一系列的理论与政策成果，结集出版的六部专著，正是这些成果的展现。希望这些成果的出版，能为我国计划生育利益导向政策体系的进一步完善，为人口科学的理论创新提供一些新的视角和新的积累。

杨云彦

2016年5月12日

前　言

　　本书总结了当前我国计划生育利益导向政策和普惠型公共政策的主要内容和两类政策衔接过程中存在的问题。在实际田野调查基础上，对两项政策实施效果进行对比分析。并以扶贫开发政策和新农保政策为例，实证分析两项政策在基层操作层面存在的问题，归纳了基层计生工作造成的影响。对于两项政策如何协调提出了理论思考和具体衔接思路和机制，并提出新形势下计生家庭优先优待政策应转向注重家庭发展能力和社会保障的新思路。

　　第一章首先对当前我国人口利益导向政策进行梳理，试图将我国不同级别、不同区域和不同着眼点的政策进行归类分析，建立我国人口利益导向政策多层次、多向和不同空间的完整认识。随后，本章对当前我国计划生育利益导向政策各地实施过程中存在的问题进行了总结。并以湖北省为例，收集相关的法律法规，对计生利益导向实施过程中存在的问题进行了解剖分析。

　　为构建社会主义和谐社会，党的十六大以来，我国出台了一系列普惠型公共政策。这些政策授利于民、造福于民、方便于民，实实在在惠及了城乡千家万户。第二章收集和分类总结了新世纪以来我国主要的普惠公共政策，分为农民增收政策、教育优惠政策、生活保障政策、社会管理政策四个方面。并以2009年山东省为例，测算普惠政策给普通农村群众带来的收益。

　　第三章分析当前我国计划生育利益导向政策与扶贫开发相结合的进展，总结了我国农村针对计生家庭的计划生育利益导向政策与扶贫开发的四种模式：生产投资型计生扶贫模式、生活保障型计生扶贫模式、开发型计生扶贫模式、社会综合计生扶贫模式。并认为两者之间依然存在不容忽视的冲突和不协调问题。

　　第四章以新农保政策为例，结合湖北省于2010年开始进行的将计生利益导向政策与新农保相结合试点工作，探讨二者衔接中存在的问题，并提出政策建议。本章还分析了当前我国农村奖扶制度存在的政治风险，并提出为防范未来风险将其并入新农保的建议。

　　第五章基于我国各省市实践经验，分析普惠型公共政策与计划生育利益导向衔

前言

接存在问题，尤其是对基层计生工作带来的不利影响进行了归纳。主要体现在这些普惠政策相当一部分以人均形式落实，按人头进行补助，未能体现对计划生育家庭的优先优惠。随后对我国普惠型公共政策与计划生育利益导向政策不协调进行根源分析。

第六章试图研究我国普惠型公共政策与人口利益导向政策协调机制。基于福利政策的经济学理论分析、政策设计原则和国际经验，提出通过惠民政策与人口利益导向政策协调机制包括两方面：首先是对人口利益导向政策自身进行完善，第二需要健全我国公共政策制定与实施的决策协调机制。

第七章展望我国未来计生家庭优先优待政策新的转向。本章首先总结了当前我国多省市落实计生家庭优先优待政策经验，主要有四点：计生管理部门创新思路，主动与相关部门协商和融入；加大计生家庭优先优待政策奖励力度；积极争取领导重视；确保财政投入。新形势下，我国计生利益导向政策将逐步转向注重家庭发展能力建设和社会保障供给情况，未来我国计生家庭优先优待政策也应当转向如何提高计生家庭能力发展、如何更好融入国家社会保障政策。

本章还探讨了"全面两孩"政策将会对妇女就业、健康权利保护等产生压力，从而对妇幼保健服务、劳动力市场保护等公共政策提出了更高的要求。

目 录

第一章 当前我国计划生育利益导向政策主要内容和问题分析 … 1
第一节 当前我国人口利益导向政策主要类型分析 … 2
第二节 计划生育利益导向政策实施存在问题分析 … 20
第三节 湖北省计划生育利益导向政策实施状况及存在问题 … 23
第四节 对农村部分计划生育家庭奖励扶助制度的评估分析 … 31

第二章 普惠型公共政策主要内容及实施效果分析 … 40
第一节 新世纪以来普惠型公共政策发展 … 40
第二节 普惠型公共政策实施效果评估 … 55

第三章 农村计划生育利益导向政策与扶贫开发衔接研究 … 57
第一节 我国农村计划生育家庭贫困现状分析 … 57
第二节 计划生育利益导向政策结合扶贫开发工作分析 … 60
第三节 农村计划生育利益导向政策与扶贫开发模式总结 … 63
第四节 计划生育利益导向与农村扶贫开发绩效评价 … 68

第四章 新型农村社会养老保险制度与计生利益导向政策衔接研究
——以湖北省为例 … 71
第一节 湖北多试点县市农村社会养老保险制度与计生利益导向政策衔接现状 … 72
第二节 赤壁市新农保与计生利益导向政策衔接评估 … 78
第三节 农村奖扶制度的风险及并入新农保的建议 … 80

第五章 普惠型公共政策与计划生育利益导向衔接及对比分析 … 90
第一节 两项政策衔接问题对基层计生工作的影响分析 … 90

第二节　普惠型公共政策与计划生育利益导向政策矛盾根源分析 …………… 92
　　第三节　农村计生特扶制度与最低生活保障制度对比研究 ………………… 94

第六章　普惠型公共政策与人口利益导向政策协调机制研究 …………… 103
　　第一节　福利政策的经济学理论分析 …………………………………… 103
　　第二节　福利政策设计的基本原则 ……………………………………… 107
　　第三节　国际经验对中国完善人口利益导向政策的启示 ………………… 109
　　第四节　惠民政策与人口利益导向政策协调机制分析 …………………… 113

第七章　新形势下计生家庭优先优待政策展望 …………………………… 117
　　第一节　我国多省市落实计生家庭优先优待政策经验总结 ……………… 117
　　第二节　新形势下我国计生家庭优先优待政策发展展望 ………………… 121
　　第三节　普遍二孩政策和公共政策衔接研究 ……………………………… 126

主要参考文献 ………………………………………………………………… 135

后记 …………………………………………………………………………… 139

第一章 当前我国计划生育利益导向政策主要内容和问题分析

中国计划生育工作中的利益导向机制是指政府在其对社会事务调控权限范围内，组织协调各部门、社会各方面和广大人民群众，依据政策法规、规章条例的规定，以社会公平原则为基础，利用利益（主要是物质利益）的杠杆作用，通过对社会公益事业投入的再分配方式，对按政策实行计划生育家庭（特别是独生子女家庭、双女户家庭）和晚婚晚育者，一方面给予直接的精神与物质的奖励、照顾和优惠，另一方面将计划生育与经济工作结合起来，采取因地制宜、灵活多样的方式、手段和载体，对这些人与家庭提供生育、生活、生产等方面的优质服务，调动这些人与家庭发展生产的积极性，帮助和扶持他们尽快勤劳致富、文明奔小康，免除生活及老年赡养等后顾之忧，使他们因按现行政策生育导致的生育意愿未能得到满足及家庭利益损失，在精神和物质上得到相应的补偿，借此褒奖、激励与稳定他们的计划生育行为，并通过他们的榜样效应以及由此形成的社会氛围，带动和增强人们按国家政策自觉规范生育行为的积极性和主动性。我国计划生育利益导向政策的发展经历了从最初上世纪五六十年代减免人流及绝育手术费等具体方法开始，到1982年将生育政策定为我国的基本国策，到2001年国家颁布《中华人民共和国人口与计划生育法》，再到目前全面建设和发展利益导向政策体系几个阶段。①

我国自20世纪70年代全面推行实施计划生育政策以来，全国少生了4亿多人，取得了巨大的成就。当前，我国人口总量持续增长，人口、资源、环境的压力日益突出，出生人口性别比仍然偏高，人口老龄化问题日益严重，人口素质总体不高，这些都影响我国经济、社会等各方面的发展，因此解决人口问题迫在眉睫。在当前人口发展的新局面下，仅仅依靠单一的计划生育政策已不能解决人口计生问题，因此，计生政策必须得到创新，必须结合我国当前人口发展的新形势，将人口

---

① 周长洪. 关于计划生育利益导向机制的几点理论思考 [J]. 人口与经济，1998（2）.

和计划生育利益导向政策体系作为推动统筹解决人口问题的重要手段。

第一节 当前我国人口利益导向政策主要类型分析

当前我国人口利益导向政策在国家卫计委宏观指导下，省级、地市级和县级不同级别政府根据各自财政能力承受情况纷纷出台了积极的利益导向政策，这些政策或制度由于级别不同、区域不同，规章制度的内容难免有所差异。国家级人口利益导向政策的各项规定在城市区域、农村区域、少数民族区域、西部部分地区和贫困地区上也有一定的差异。同时，人口利益导向政策的着眼点和目标随着经济社会情况的变化，也在不断发生变化，从早期的约束与惩罚制度，逐渐转向为计划生育家庭提供物质扶助和社会发展机会。进入新世纪后，人口利益导向政策更加注重计划生育家庭的家庭能力建设和社会保障能力建设。

目前的文献还少有对我国这么纷繁复杂的人口利益导向政策进行系统梳理的，本节试图将我国不同级别、不同区域和不同导向的政策进行归类总结分析，对当前我国人口利益导向政策得到一个相对完整的认识。

一、当前我国人口利益导向政策分级分析

(一) 国家级人口利益导向政策

我国的计划生育工作开始于20世纪50年代，面对当时人口过快增长的趋势，国家主席毛泽东及其他领导人都多次指出，人口应该要有计划地增长，因此鼓励人们少生孩子，这是我国首次提出计划生育的概念。自中央提出节制生育之后，卫生部就根据当时的人口发展趋势定制订了相关的节育办法，主要方式包括人工流产和绝育手术等。由于1959年开始持续了三年的自然灾害，我国人口出生率急剧下降，死亡率不断上升，因此计划生育工作被搁置，直到1962年，面对我国补偿性人口生育高峰，党中央、国务院发出《关于认真提倡计划生育的指示》，该指示提出在城市和人口稠密的农村提倡节制生育，长期实施这一政策，有利于保护母亲和儿童健康。1963年党中央、国务院发出《第二次城市工作会议纪要》的指示，该指示提出要积极开展计划生育工作，具体措施包括：今后城市职工做节育和结扎手术一律免费，并且在短期休养时间内工资照发。同时还大力提倡晚婚。1964年国务院下发的《关于计划生育经费开支问题的规定》中规定，城、乡居民群众施行男、女绝育结扎手术，放、取节育环或人工流产的全部手术费和手术以外的各项费用（如挂号费、住院费、检验费和医药费）的部分予以减免。这一阶段是我国计划生

育政策的探索阶段，初步让群众了解节制生育这一概念，但计划生育利益导向的范围十分有限。

20世纪70年代初，全国总人口超过8亿人，面对如此严峻的人口态势，国家开始在全国范围内全面推行计划生育，严格控制人口增长。1971年国务院批准并转发了《关于做好计划生育工作的报告》，报告强调"要有计划生育"，并指出争取到1975年除了人口稀少的一般城市的人口自然增长率降到千分之十左右，农村降到千分之五。1973年国务院成立计划生育领导小组，同时在第一次全国计划生育汇报会上提出"晚、稀、少"的政策（"晚"是指男25周岁、女23周岁以后结婚，女24周岁以后生育；"稀"是指生育间隔为3年以上；"少"是指一对夫妇生育不超过两个孩子）。为推进这项政策顺利进行，国家还做出了一些相应的规定，比如：高等学校不招收已婚青年入学；招工时在同等条件下又会照顾女孩户；农村实行男女同工同酬。后来，又提出奖励只生一个孩子的夫妇，对无子女的老人逐步实行社会保险。在城市住房和职工福利方面也采取了适当措施，使有关政策有利于计划生育的开展。这些带有利益诱导性质的办法使当时提出的计划生育"晚、稀、少"政策迅速为多数群众所接受（谭江蓉、杨云彦，2012）①。1975年，毛泽东在国家计委《关于一九七五年国民经济计划的报告》上批示：人口非控制不行。国家制定了"晚、稀、少"政策之后，取得了明显的成效，我国妇女总和生育率由20世纪70年代初的5.8下降到1979年的2.7。自1970年至1979年，全国人口出生率由33.4‰降到了17.82‰，人口自然增长率在死亡率相对稳定的情况下，由25.83‰降至11.61‰（周长洪，1998）②。这一阶段，我国的计划生育措施已不局限于与节育技术有关的方面，内容更为丰富并且自实施后也得到明显的成效，但这些措施仍存在局限性。

1980年党中央发表《关于控制我国人口增长问题致全体共产党员共青团员的公开信》，指出由于卫生工作进步和人民生活条件的改善，人们寿命大大延长，但人口出生率没有适当控制，因此增长速度过快，这些都会增加实现四个现代化的困难，为了解决这一问题，提出了"每对夫妇只生育一个孩子"的号召。同时，党和政府还采取一系列具体政策，如：在入托儿所、入学、就医、招工、招生、城市住房和农村住宅基地分配等方面，要照顾独生子女及其家庭；要认真实行同工同酬

---

① 谭江蓉，杨云彦. 人口和计划生育利益导向政策研究：回顾与前瞻 [J]. 人口与发展，2012（18）.

② 周长洪. 关于计划生育利益导向机制的几点理论考 [J]. 人口与经济，1998（2）.

政策，大力开展生殖生理、优生和节育技术的科研工作，保证节育技术的安全。1982年2月，党中央、国务院下发《关于进一步做好计划生育工作的指示》，指示中强调"实行必要的奖励和限制，保证计划生育工作的顺利开展"。同时，还强调"社会主义事业不但需要人口有计划地发展，同时要求我们的人民德智体全面发展，因此，我们的计划生育工作要继续提倡晚婚、晚育、少生、优生"。1984年，党中央批准并转发了《国家计划生育委员会党组关于计划生育工作情况的汇报》，对生育政策作了一些调整。1988年3月，中共中央召开政治局常委会议讨论计划生育工作，他们在以往经验教训的基础上，对我国的计划生育政策作了全面的阐述，首次将奖励政策以国家政策的形式，纳入计划生育政策的重要组成部分。这一时期，国家从开始意识到计划生育的重要性，到逐步提出有利于人工流产和绝育手术的计划生育措施，再到将计划生育规定为我国的一项基本国策，我国的计划生育工作正有条不紊地推行。虽然我国的计划生育工作取得了一定的成效，但仍对计划生育利益导向的概念模糊不清，配套的措施也缺乏深入的研究，因此计划生育利益导向还处于初步发展阶段。

90年代初，随着我国城乡商品经济的发展和市场调节机制作用的增强，国民经济向社会主义市场经济的方向发展，经济的发展速度加快。经济体系的变化，不仅使各个企业、城乡居民个人的自主权扩大，而且人们的利益观念、竞争意识也在同步增强，价值取向也发生了多元变化[①]。1990年，"为保障手术者的安全、健康及生产、生活与家庭的幸福，推进计划生育工作健康发展"，国家计生委发布《节育并发症管理办法和节育并发症鉴定办法（试行）》。1991年党中央、国务院作出《关于加强计划生育工作严格控制人口增长的决定》，提出我国现行的计划生育政策是：提倡晚婚晚育，少生优生；提倡一对夫妇只生育一个孩子。国家干部和职工、城镇居民除有特殊情况经过批准可以生第二个孩子外，一对夫妇只生育一个孩子。农村也要提倡一对夫妇只生育一个孩子，某些群众确有实际困难，经过批准可以间隔几年以后生第二个孩子。按照1991年中共中央提出的"计划生育工作既要抓紧又要抓好"的工作方针，计划生育工作积极转变工作思路和方法，在坚持社会制约机制的同时，利用我国建立社会主义市场经济的有利时机，积极探索计划生育与经济工作相结合的路子，通过利益导向杠杆，调动广大群众实行计划生育的积极性，使计划生育工作在新形势下上一个新台阶、新水平。这一时期，在我国经济社会发展由计划经济向社会主义市场经济过渡发展的大背景下，为符合经济社会发

---

① 曾云光. 我国人口和计划生育利益导向政策体系研究［D］. 吉林大学硕士论文，2013.

展要求和适应人民群众勤劳致富奔小康的期待，计划生育工作逐步转变工作思路和方法，除了继续做好节育工作以外，还积极探索使用利益导向这一杠杆，以政策为保障，有效地发挥了计划生育利益导向的作用。这个阶段，计划生育利益导向逐步成为我国计划生育工作的重要手段，计划生育利益导向的概念逐渐明晰，具体措施也逐步完善，为计划生育利益导向政策奠定了坚实的理论基础与丰富的实践经验。

进入新世纪后，我国经济继续保持高速增长，但城乡之间、东西部地区之间发展不平衡的矛盾日益突出。与此同时，计划生育工作由严格控制人口过快增长转变为以稳定低生育水平为主要任务。正是在这种情况下，计划生育利益导向机制迎来了深入发展的大好时机。2000年中共中央《关于加强计划生育工作稳定低生育水平的决定》中明确提出："要建立和完善计划生育利益导向机制"。2001年12月出台的《中华人民共和国人口与计划生育法》规定："国家建立、健全基本养老保险、基本医疗保险和社会福利等社会保障制度，促进计划生育"。该生育法规定："国家对实行计划生育的夫妻，按照规定给予奖励；对不按政策生育子女的公民，应当缴纳社会抚养费。"这是我国首次以国家法律的形式将调节计划生育行为定位在利益导向上。这些法律规定说明，国家从制度上保障计划生育家庭的合法权益，利益导向措施已成为人口与计划生育工作的重要手段①。2003年以后，国家逐步出台了许多新政策，如2004年5月颁布《关于农村部分计划生育家庭奖励扶助制度试点的方案（试行）》，对于符合条件的奖励扶助对象，按人均不低于600元/年的标准发放奖励扶助金。2006年10月印发的《西部地区计划生育"少生快富"工程实施方案》，提出对内蒙古、海南、四川、云南、甘肃、青海、宁夏、新疆8省（区）按照政策法规规定可以生育3个孩子而自愿少生1个孩子，并按照各省（区）的有关规定采取了长效节育措施的夫妇，给予一次性奖励资金及其他政策优惠，帮助其发展经济，促使其尽快致富。2007年8月颁发《全国独生子女伤残死亡家庭扶助制度试点方案》，提出对独生子女死亡后未再生育或合法收养子女的夫妻，由政府给予每人每月不低于100元的扶助金；对独生子女伤、病残后未再生育或收养子女的夫妻，由政府给予每人每月不低于80元的扶助金。2011年国家开展创建幸福家庭试点活动，逐步把计划生育家庭的各项利益导向措施进行整合，形成政策和帮扶的合力，效果大大增强，计划生育家庭困难得到实实在在的解决。同时，这个时期，各地结合实际，切实转变思路和方法，开拓创新，人口和计划生育

---

① 谭江蓉，杨云彦. 人口和计划生育利益导向政策研究：回顾与前瞻[J]. 人口与发展，2012（18）.

利益导向政策体系得到空前发展，计划生育家庭的民生问题得到较好解决，统筹解决人口问题的任务得到较好落实。

（二）地市级人口利益导向政策

国家根据不同时期的人口发展特点制定了相关的法律规定，各地又根据国家的法律规定并结合本地市的人口发展特点在不同时期制定了许多具体的政策措施。20世纪50年代，各地就陆续拉开计划生育的序幕。1956年3月，江西省卫生厅根据国家卫生部"关于人工流产及绝育手术的通知"精神，明确了对要求人工流产及绝育手术者的禁忌症和批准程序。1956年6月，江西省卫生厅通知各地积极开展计划生育宣传和技术指导，并提出了明确具体的要求。1962年8月20日、10月11日，江西省卫生厅两次向省人委请示"在全省城镇开展计划生育"。根据1962年12月底收集的有关数据显示，江西医学院第一、二附属医院、省妇幼保健院做女性绝育手术共163例，男性绝育手术8例，节育手术全省共363例；南昌市医药公司实际销售避孕药具6个品种，其中避孕工具215025只，外用药3890支[①]。1963年，天津、山东、河北等地成立了计划生育委员会；天津市免费为群众做节育手术和人工流产；北京市委下发对计划生育工作的重要指示，要求"各级党委要把计划生育工作列为重要的议事日程之一，切实把这项工作抓起来，各区、县也要进一步加强计划生育的领导组织，并在所属各企业、事业、机关单位，都建立起计划生育领导组织"[②]。为了更好地促进计划生育工作的发展，北京市还建设计划生育网络平台，为计生工作提供技术保障。

70年代，由于国家提出了"晚、稀、少"的计划生育方针，各地都开始意识到人口过快增长的危害，因此各地计划生育工作开始起步。江西省将大力加强农村的避孕节育技术作为重点。1971年12月13日，江西省革委会发出《关于加强计划生育工作的通知》，要求各级革委会必须抓好计划生育工作："大力宣传，树立以晚婚、计划生育为荣的新风尚，使之成为群众的自觉行动。各级医疗卫生单位和农村巡回医疗队要设立计划生育宣传指导站，在基层卫生单位和'赤脚医生'、接生员、卫生员中要培训计划生育的宣传力量。"西安市为了更好地贯彻落实计划生育政策，逐渐扩大计划生育利益导向机制的受益群体范围，优惠政策也随之不断推陈出新，如高等学校不得招收已婚男女，在同等条件下招工优先照顾有女无儿户，

---

① 储未申、冯庆余：《江西计划生育工作大事记》，第3、4页。
② 中共北京市委：《市委批转市计划生育工作领导小组关于进一步认真开展计划生育工作的意见（1963年10月）》，北京市档案馆：002-020-00380。

男女同工同酬等。

1982年，国家将实行计划生育确定为我国的一项基本国策，使得我国实行计划生育提高到一个新的战略高度，各地根据当地的实际情况，包括经济水平、人口增长等对当地计划生育政策进行调整。如：江西省将1979年"奖励一胎、可生二胎、限制三胎及以上生育"的计划生育政策调整为1980年"奖励一胎、限制二胎、杜绝三胎生育"的计划生育政策，再到1982年"城镇只能一胎、农村可二胎、无论城乡都坚决杜绝三胎生育"的计划生育政策，最后于1984年制定"城乡二胎开'小口子'、坚决堵住'大口子'"的计划生育政策，江西省的计划生育政策随着不同时期的人口发展情况进行适当调整。同时，各地政府和计划生育部门根据各地的实际状况，初步制定相关的激励措施。对农村的独生子女家庭，有的在实行承包责任制时，让他们多包田少包产；有的让他们少交提留金；有的为他们优先提供致富门路，如提供优良种子、农用物资、致富信息和技术等，帮助和扶持他们勤劳致富①。对独生子女及其家庭，照顾政策主要表现在入托儿所、入学、就医、招工、招生、城市住房和农村住宅基地分配等方面。

20世纪90年代，我国计划生育政策发生了一些变化，如：各级政府和有关部门制定鼓励计划生育的各种优先、优惠政策，实施同经济、社会发展结合的工程和项目，引导育龄群众少生致富等。这一阶段计划生育政策的实施取得了显著的效果。例如，国家计生委充分肯定了20世纪90年代初期在吉林省推出的"三结合"工作思路（计划生育和发展农村经济结合、和帮助农民勤劳致富奔小康相结合、和建设文明幸福家庭结合）。江苏盐城在实践中总结创新了"少生快富"工程，浙江开展了把帮富活动融入计生工作的"新家庭计划活动"、辽宁省开展了"计划生育中心户"帮带活动等。这一阶段的核心内容是：坚持"三不变"（现行的计划生育政策不变，既定的人口控制目标不变，各级党政一把手亲自抓、负总责不变），落实"三为主"（以宣传教育为主、以避孕为主、以经常工作为主），实行"三结合"（计划生育与发展经济、帮助农民勤劳致富奔小康、建设文明幸福家庭相结合），实现"两个转变"（由孤立地就计划生育抓计划生育向与经济社会发展紧密结合，向采取综合措施解决人口问题转变；由以社会制约为主向逐步建立利益导向和社会制约相结合，宣传教育、综合服务、科学管理相统一的机制转变），达到"一个目标"（控制人口数量，提高人口素质，改善人口结构，实现计划生育的良

---

① 谭江蓉，杨云彦. 人口和计划生育利益导向政策研究：回顾与前瞻[J]. 人口与发展，2012（18）.

性循环，促进人口、经济、资源、环境的协调发展和可持续发展），后来把它简称为"三三三二一"计划生育思路。①

随着国家于 2000 年出台《中共中央国务院关于加强人口与计划生育工作稳定低生育水平的决定》，2001 年颁布《中华人民共和国人口与计划生育法》等各项有关计划生育的政策，我国人口和计划生育利益导向政策进入完善升华阶段。2001 年，江西省出台了修改后的《江西省计划生育条例》，条例将二胎生育的间隔年限由五年改为四年，在稳定低生育水平的同时满足群众的生育需求，这体现了江西省计划生育改革更加人性化，突出服务利导。② 同时，各地积极落实法律规定的对独生子女奖励、长效节育奖励等相关政策，逐步出台了符合各地实际的以优待、帮扶、救助为主要内容的计划生育利益导向政策，并不断完善。湖南省人民政府办公厅印发《湖南省"十二五"人口发展规划》，《规划》提出：到 2015 年湖南人口发展的五项主要任务，一是稳定低生育水平，二是提高人口素质，三是改善人口结构，四是优化人口分布，五是提高家庭发展能力。近年来，青海省人口与计生委重点为农牧区计划生育家庭提供保障、分担风险、帮助脱贫致富，计划生育工作积极探索由单纯经济处罚向奖励少生转变和单纯管理向服务转变的新路子，逐步建立以政府为主、社会补充为内容的人口和计划生育利益导向政策体系，为人口计生事业的全面发展奠定了坚实基础。自单独二孩政策实施，湖北省政府出台了加强计划生育基层基础工作的指导意见，稳定和加强计划生育工作网络和队伍，使得流动人口服务管理水平稳步提高。山西省晋中市从 1998 年开始，积极探索计划生育与妇幼保健功能整合、资源共享、互利共赢、联合发展的服务模式，着力构建"计卫联手、育医结合"工作机制，实现了"1+1>2"的效果。苏州市吴中区政府于 2007 年出台了《关于吴中区房屋拆迁工作的若干实施意见（试行）的补充意见》，明确规定："对农村、无地队、城中村拆迁范围内原房屋产权面积人均不足 30 平方米的被拆迁的独生子女户，按现行评估、补偿，在安置时可适当增加指标，即 1 人按 2 人计算（1 户只计算 1 人次），但人均安置面积不得超过 40 平方米。"将独生子女家庭有偿补助纳入其中，既为全区稳定低生育水平做了有效铺垫，也让独生子女家庭得到了切实的利益保障③。吴中区不断探索如何落实普惠制下的优先优惠政策，除兑现独生子女父母奖励金外，还全面实施了农村部分计划生育家庭奖励扶助

---

① 国家人口和计划生育委员会编．中国人口和计划生育史，中国人口出版社，2007．
② 全津：《当代江西计划生育历史研究》，2014 年．
③ 苏州市吴中区人口计生委．苏州市吴中区人口计生委．苏州市吴中区制定普惠制下的计生优先优惠政策 [J]．计生视点，2009（7）．

和公益金救助制度，对独生子女伤残死亡家庭进行了特别扶助，对持"独生子女父母光荣证"的企业退休人员实施了一次性奖励，不断探索和完善新时期的人口计生利益导向机制。

(三) 县级人口利益导向政策

我国的计划生育政策自20世纪50年代开始实施，至今为止各项政策不断完善，覆盖范围不断扩大，各县根据国家和地市级出台的有关政策，结合本县的具体情况，也相继制定了具体的政策措施。比如：江苏省如东县于20世纪60年代初开始计划生育工作，比全国提早10年，实施计划生育30多年来少生近50万人。陕西省白河县于2011年在全县上下坚持以创建省级人口和计划生育综合改革示范县统揽人口计生工作全局，本着以解决人口计生工作的重点、难点问题为出发点，以建立健全新体制机制为目标，以"扩职、克难、转型、创新"为总要求，以创新机制，以人为本、服务群众、综合治理为原则，消除障碍，大胆革新，不断探索解决人口问题的新办法、新举措，初步形成以七大机制为主的人口计生综合改革基本框架。在全市率先将独生子女保健费提高到20元/月，对农村"两户"（独生子女领证户、双女结扎户）子女考入本科院校的每生一次性资助2000元，"两户"父母及子女住院新农合报销比例提高5个百分点。实行农村双女户结扎奖励制度，按期主动落实绝育措施的每户一次性奖励1000元，奖励资金纳入财政预算。落实计生干部奖励待遇，对连续在人口计生工作岗位上工作年限满10年、20年、30年的，分别奖励一个月、两个月、三个月标准工资。保障农村普惠政策与计生优惠政策有效衔接，在实施生态移民、扶贫搬迁、危房改造、林权改革、征地补偿等项目时，对农村"两户"分别提高1个人、半个人的分配份额。每年从当年全县征收的社会抚养费中统筹10%作为生育关怀基金。甘肃省张掖市临泽县开展计划生育"百日攻坚"行动，认真制订出台《平川镇人口和计划生育"百日攻坚"行动实施方案》，为确保各类政策宣传到位，镇计生办深入全镇10个村110个合作社，发放宣传资料，播放音频资料，对计划生育优惠政策、单独二孩政策、社会抚养费征收等政策进行广泛宣传。并把全镇已婚育龄妇女、年满50周岁的计生"两户"家庭，作为重点宣传对象，组织专干上门入户进行宣传，通过宣传在全镇上下营造了计划生育工作从严从紧的浓厚氛围。湖北省竹山县人民政府出台了《关于完善人口和计划生育利益导向政策的暂行规定》。根据《中华人民共和国人口与计划育法》、《湖北省人口与计划生育条例》、《中共中央、国务院关于全面加强人口和计划生育工作统筹解决人口问题的决定》、《中共湖北省委、湖北省人民政府关于建立完善人口和计划生育工作新机制的实施意见》等政策法律法规，结合竹山县实际，《规定》进一步完善了人口和计划生育利益导向机制，以期对人口与经济、社会、资源、环境协调和可持续发展产生积极作用。

二、当前我国人口利益导向政策目的分类

（一）物质扶助

随着社会不断发展，我国的社会保障制度尚不健全，为了保障计划生育家庭的利益，国家、地方政府不断探索并实施了保障计划生育家庭生活、困难救助、养老、物质扶助等措施。如：1988年3月，中共中央召开政治局常委会议讨论计划生育工作，在以往经验教训的基础上，对我国的计划生育政策作了全面的阐述，首次将奖励政策以国家政策的形式，纳入计划生育政策之中。纪要指出，通过奖励，激发群众贯彻执行生育政策的光荣感，并与必要的限制办法相结合，形成实行计划生育的社会环境，已逐步提高群众自觉实行计划生育的积极性。具体奖励办法包括：发给荣誉证书；奖励现金；给独生子女母亲延长产假；在入托、入学、就医、打工、招生、分房或宅基地方面照顾独生子女家庭①。2004年5月颁布《关于农村部分计划生育家庭奖励扶助制度试点的方案（试行）》，指出：对于符合奖励扶助的对象按每人每年不低于600元的标准发放奖励扶助金，直到亡故为止。奖励扶助金以一年为单位计算，一年发放一次。2008年下半年，国家人口计生委、财政部在总结试点工作的基础上，决定全面实施《计划生育家庭特别扶助制度》。计划生育特殊困难家庭（独生子女伤残死亡家庭）是我国实行计划生育政策以来形成的特殊群体，为缓解计划生育特殊困难家庭的实际困难，进一步激发广大人民群众自觉实行计划生育的积极性，因此出台了这项制度。根据计划生育困难家庭特别扶助制度，对计划生育家庭的老年父母每月发放一定标准的扶助金，对独生子女死亡、伤残的父母在一定年龄后每月发放一定标准的扶助金，扶助标准因各地的实际经济水平不同而有所调整，如湖北省自2014年起，女方年满49周岁的独生子女伤残、死亡家庭夫妻的特别扶助金标准分别为：城镇每人每月270元（伤残）、340元（死亡），农村每人每月150元（伤残）、170元（死亡）。而甘肃省独生子女死亡后未再生育或合法收养子女的夫妻，由政府给予每人每月不低于100元的扶助金，直至亡故为止；独生子女伤、病残后未再生育或收养子女的夫妻，由政府给予每人每月不低于80元的扶助金，直至亡故或子女康复为止。这项奖励金额可以有效缓

---

① 谭江蓉，杨云彦. 人口和计划生育利益导向政策研究：回顾与前瞻 [J]. 人口与发展，2012（18）.

解计划生育家庭生产生活困难，为计划生育家庭老年父母提供基本的养老保障。对因计划生育手术引起手术并发症的人员，为加强救助和帮扶，国家将手术并发症人员纳入特别扶助制度的扶助对象。如 1990 年，"为保障手术者的安全、健康及生产、生活与家庭的幸福，推进计划生育工作健康发展"，国家计生委发布《节育并发症管理办法和节育并发症鉴定办法（试行）》。2007 年 8 月颁发《全国独生子女伤残死亡家庭扶助制度试点方案》，指出：独生子女死亡后未再生育或合法收养子女的夫妻，由政府给予每人每月不低于 100 元的扶助金，直至亡故为止。独生子女伤、病残后未再生育或收养子女的夫妻，由政府给予每人每月不低于 80 元的扶助金，直至亡故或子女康复为止。由于独生子女伤残死亡家庭是我国实行计划生育政策以来形成的特殊群体，是社会广泛关注的群体，因此建立和实施独生子女伤残死亡家庭扶助制度，是人口和计划生育政策不可或缺的一部分。实施这项制度，有利于缓解独生子女伤残、死亡家庭的实际困难，也使得我国计划生育政策更完善。

各地市对奖励扶助制度、特别扶助制度在国家标准的基础上，根据本地市的实际情况进行调整。内蒙古、河南、甘肃在国家的基本社会保障中加强计划生育家庭的医疗、养老保障，体现计划生育家庭在普惠基础上的特惠，"入口"上不仅将应缴纳的保费由政府补贴，"出口"上还将计划生育家庭的保险额度提高①。江苏、上海、浙江等省设立计划生育公益金，专门用于计划生育特殊困难家庭的救助和帮扶。陕西省对职工实行晚婚的，在法定婚假的基础上增加婚假二十天；实行晚育的，在法定产假的基础上增加产假十五天，同时给予男方护理假十天；在产假期间领取《独生子女父母光荣证》的，另增加产假三十天。

（二）提供更多的社会发展机会

政治学中认为社会发展的决定力量是生产力。无论是以体力劳动为主的直接生产力，还是以人力资本提升促进技术进步的间接生产力，其核心本质都离不开人的参与。在经济学中，无论是哈罗德-多玛还是新古典经济增长模型，几乎所有经济学派都认为人力资本是经济增长的源泉。以广泛应用的柯布-道格拉斯函数为例，人是与资本和科技同等的经济增长因素。计划生育通过提高人口素质、降低数量使得传统模型中人力资源的贡献弹性减小，而科技贡献力增强，这意味着当今的人口已经不能完全算作生产函数中的人力资本，更多的是转化为科技力量。

我国许多省份为农村计生家庭提供更多的社会发展机会。比如实行农村独生子女、二女家庭子女升学优待制度；实行农村计划生育困难家庭子女教育扶持优先制

---

① 曾云光：《我国人口和计划生育利益导向政策体系研究》，2013 年。

度；计生家庭子女优先享受劳动技能培训制度；小额贷款优先贴息制度等。升学优待制度是指农村独生子女家庭和农村二女不再生育家庭的子女在参加初中升高中考试时，可享受"加10分"的特殊优待。比如湖北省规定农村独生女参加高考报考省属高校时，可申请享受在文化成绩总分基础上增加10分投档的政策性照顾。教育扶持优先制度是指农村独生子女困难家庭和农村二女不再生育困难家庭子女就读义务教育阶段学校，同等条件下优先安排其享受寄宿生生活费补助。小额贷款优先贴息制度是指在扶贫到户小额贷款贴息工作中，对农村独生子女家庭和农村二女不再生育家庭优先贴息。实施移民搬迁的农村独生子女家庭和农村二女不再生育家庭优先享受移民搬迁扶贫的各项政策和资金扶贫。在农村劳动力转移培训过程当中，优先安排农村独生子女家庭和农村二女不再生育家庭劳动力参加培训。对符合农村医疗享受农村低保和农村五保供养，给予其基本生活保障。对符合农村医疗救助条件的农村独生子女家庭和农村二女不再生育家庭，优先给予农村医疗救助。对因临时性、突发性原因造成基本生活出现暂时困难的农村独生子女家庭和农村二女不再生育家庭，优先给予临时救助。

（三）强化家庭能力建设

计划生育利益导向政策是一个不断演化发展的政策，而家庭发展也是一个多维度的变量，所以研究计划生育利益导向政策对家庭发展的影响具有很大的难度。这也是以往研究经常忽视计划生育利益导向政策对家庭发展影响的原因。但是家庭作为社会生活中最小的、也是最基本的组织形式，对社会的和谐稳定起着最基础的作用，家庭强则社会强。2012年国务院印发的《国家人口"十二五"规划》将提高家庭发展能力纳入国家总体部署，意味着计划生育利益导向政策在"十二五"时期将以"提高家庭发展能力"为重要调整内容。所以研究计划生育利益导向政策对家庭发展的影响，将是今后人口计划生育政策研究的重点方向。

计划生育利益导向政策是政府对计划生育家庭进行奖励、帮扶以及优待的一系列政策措施。目前的计划生育政策主要分为两个方面：倾向于控制人口数量的计划生育利益导向政策和倾向于综合治理的计划生育利益导向政策①。控制人口数量的计划生育利益导向政策显著地弱化了家庭功能，家庭规模的缩小意味着承载父辈的家庭功能的弱化，进而导致将来生活风险的加大，为了抵抗这种不确定性风险，家庭策略选择也发生转变。家庭为增强未来的保障能力，将更多的资金放在子女的教

---

① 石智雷，徐玮. 计划生育利益导向政策对家庭发展的影响效应分析［J］. 南方人口，2014（1）.

育投资上，这种投资降低了家庭人均资产的拥有量，可见控制数量的计划生育利益导向政策不仅没能促进家庭经济水平的改善，反而在消耗家庭经济资本。倾向于综合治理的计划生育利益导向政策虽然也缩小了家庭规模，导致部分家庭功能的弱化，但是该政策又具有弥补家庭功能的作用。对比主要控制人口数量和倾向于综合治理的计划生育利益导向政策对家庭发展的影响，会发现前者对家庭发展阻碍作用大，促进作用小且力度不大，而后者对家庭发展具有非常明显的促进作用，且力度更大。

计划生育利益导向政策是一个内涵丰富、不断发展的公共政策，不仅有效地控制了中国人口增长的速度和规模，而且对中国居民家庭的综合发展也产生了重要影响，改变了不同家庭的要素构成和策略选择空间。出于对特定时期控制人口数量的要求，早期计划生育利益导向政策重视对个体生育选择的控制，导致纯女户家庭、独生子女伤残死亡家庭、计划生育手术并发症家庭和空巢家庭的家庭功能受到了很大的冲击，计生家庭的家庭发展能力逐渐陷入困难，家庭规模缩小。而在过去相当长一段时间内，家庭是人们抗拒包括养老在内的生活风险的重要保障，那么在同等风险的打击下，家庭规模越大，家庭功能越完整，家庭内部每个人分摊的风险就越小，家庭发展能力也就越强，否则反之。所以在家庭规模本就持续缩小的趋势下，除了继续利用经济投资、人力资本投资、家庭风险外部转移等多种方式提高家庭发展能力外，适度放开政策，尤其是逐步取消强制性生育控制政策显然也是促进家庭发展的有效途径。

(四) 约束与惩罚

为了严格控制我国人口过快增长，我国的计划生育政策对群众的生育行为有一定的约束。同时，为了保障计划生育家庭的合法利益，体现我国计划生育政策的公平性，我国对违反《中华人民共和国人口与计划生育法》的非计划生育家庭会进行惩罚。如：1982年2月，党中央、国务院下发《关于进一步做好计划生育工作的指示》，指示中强调"实行必要的奖励和限制，保证计划生育工作的顺利开展"，"对于经过多次教育仍不按计划生育的，应实行必要的经济限制"，'对于不按计划生育的，要给予适当的经济限制。国家干部和职工，城镇居民，计划外生第二胎的，要取消其按合理生育所享受的医药、福利等待遇，还可视情况扣发一定比例的工资，或不得享受困难补助、托幼补助。对农村社员超生的子女不得划给责任田、自留地；或对超生子女的社员给予少包责任田，或提高包产指标等限制'，对于广大党员、团员和全体干部、职工中"坚持不按计划生育的，有关组织要进行说服教育，对于多次劝说无效、情节恶劣、影响很坏的，除了经济上的限制以外，还要给予必要的纪律或行政处分。"2004年5月颁布的《关于农村部分计划生育家庭奖励扶助制度试点的方案（试行）》，指出奖励扶助制度的对象是针对农村只有一个子女和两个女孩的计划生育家庭，夫妻年满60周岁后，由中央和地方财政安排专项资金进行奖励扶助。2007年8月颁发《全国独生子女伤残死亡家庭扶助制度试点方案》，独生子女伤残死亡家庭扶助制度扶助的对象是：我国城镇和农村独生子女死亡或伤、病残后未再生育或收养子女家庭的夫妻。扶助对象应同时符合以下条件：1.1933年1月1日以后出生。2.女方年满49周岁。3.只生育一个子女或合法收养一个子女。4.现无存活子女或独生子女被依法鉴定为残疾（伤病残达到三级以上）。符合上述条件的对象，由政府发放独生子女伤残死亡家庭扶助金。丧偶或离婚的单亲家庭，男方或女方须年满49周岁领取扶助金。扶助对象再生育或合法收养子女后，中止领取扶助金。2008年下半年，国家人口计生委、财政部在总结试点工作的基础上，决定全面实施《计划生育家庭特别扶助制度》，指出其扶助对象夫妻均应在1933年1月1日以后出生，女方须年满49周岁。因丧偶或离婚的单亲家庭，男方或女方须年满49周岁；只生育一个子女或合法收养一个子女；现无存活子女或独生子女被依法鉴定为残疾（伤病残达到三级以上）。若多生育或领养1个子女，将不再享受这一扶助金。

三、当前我国人口利益导向政策地域差别分析

（一）西部政策

"少生快富"工程是国家针对西部生育水平较高的贫困地区实施的一项计划生育利益导向机制政策，对于可以生育三个孩子而自愿放弃生育第二个或第三个孩子，并且愿意长期节育的夫妇给予一次性奖励3000元。2000年，中共中央、国务院颁布了《关于加强人口与计划生育工作稳定低生育水平的决定》，《决定》指出："人口问题是社会主义初级阶段长期面临的重大问题，是制约我国经济和社会发展的关键因素。控制人口数量，提高人口素质，是实现我国社会主义现代化建设宏伟目标和可持续发展的重大战略决策。"并将人口问题纳入西部大开发战略的总体规划，"实施西部大开发战略，必须坚持发展经济和控制人口两手抓，做到经济要上去，人口数量要下来，人的素质要提高。针对西部地区生育率较高、贫困人口比例较大、城市化水平较低的状况，制定相关政策和措施，加强计划生育基层基础工作，严格控制人口增长"。2006年10月，国家人口计生委、财政部颁布《西部地区计划生育"少生快富"工程实施方案》，该《方案》指出，自2006年开始全面实施西部地区计划生育"少生快富"工程，该工程是为加强西部地区人口和计划

生育工作，转变群众生育观念，尽快扭转贫困地区"越生越穷、越穷越生"的现状，促进西部地区人口与资源、环境的协调和可持续发展而采取的一项重大举措。它是指对按照现行生育政策可以生育三个孩子而自愿少生一个孩子，且采取可靠长效节育措施的夫妇给予3000~5000元的一次性奖励，并引导和帮助这些家庭把奖励资金用于发展生产的扶贫项目，资金由中央和地方财政共同承担。2008年，出台了《国家人口计生委、财政部关于实施"三项制度"工作的通知》，决定在全国范围内全面实施计划生育家庭特别扶助制度、提高农村部分计划生育家庭奖励扶助标准（奖励扶助标准从每人每年不低于500元提高到每人每年不低于720元）、扩大"少生快富"工程实施范围。2009年发布了《西部地区计划生育少生快富信息管理规范》等。"少生快富"工程的内容随着试点地区的经济发展，探索了一些新的措施，这些措施得到了试点地区群众的认可；"少生快富"工程的项目不仅对计划生育家庭有一定的奖励与补偿，而且影响了育龄人群的生育意愿、缓解了农村计划生育的实际困难，同时也带动了贫困地区的经济发展，加快了脱贫致富的脚步。

（二）少数民族政策

我国是一个多民族国家，共有56个民族，其中55个为少数民族。我国各民族的分布特点是：大杂居、小聚居，而且少数民族虽然人口数量较汉族来说相对较少，但是其分布十分广泛。正是因为这一特殊的性质，所以我国政府都会制定有针对性的计划生育政策，使得少数民族的计划生育工作能够顺利开展。20世纪50年代到70年代初，我国针对少数民族的计划生育政策与汉族不同，因为当时我国的少数民族人口死亡率高，平均寿命短，因此针对这一实际状况，政府采取的是"鼓励生育、发展人口"的政策。如：1953年中央民族事务委员会第三次扩大会议通过的《关于内蒙古自治区及绥远、青海、新疆等地若干牧区畜牧业的基本总结》中明确指出："贯彻'人畜两旺'的方针，牧业区的人口一般是不兴旺的，要发展畜牧业生产，同时必须使人口兴旺。因此，人民健康和人口增加，在牧业区工作中，也有头等重要的意义。"毛泽东在1957年10月指出："计划生育，也来个十年规划，少数民族地区不要去推广，人口少的地方也不要去推广。"1972年11月，中共中央的44号文件中指出："在城乡人民中，要大力宣传和提倡计划生育，少数民族地区除外。"因此，在整个"文化大革命"期间，我国少数民族地区仍然延续了"人口兴旺"政策，自由发展民族人口，导致少数民族在较长时间内保持着较高的生育水平。自20世纪70年代末，少数民族的计划生育政策已逐步开始纳入我国计划生育政策的范畴，这一时期国家计划生育工作开始在全国推行。如：1977

年 9 月，国务院计划生育领导小组在《关于全国计划生育工作汇报会的报告》中指出："在人口稀少的少数民族地区，采取有利于发展人口的政策，为了保护妇女、儿童的健康，也应积极宣传、普及妇幼卫生、节育科学知识，对子女多、间隔密、有节育要求的夫妇给予指导和帮助。"

自 80 年代开始，我国少数民族的计划生育政策开始确立。如：1980 年 9 月，党中央在《关于控制我国人口增长问题致全体党员、共青团员的公开信》中指出："对于少数民族，按照政策规定，可以放宽一些。"1982 年 2 月，中共中央、国务院《关于进一步做好计划生育工作的指示》中明确指出："对于少数民族，也要提倡计划生育，在要求上可适当放宽一些。"1984 年 4 月，中共中央批转的国家计划生育工作委员会党组《关于计划生育工作情况的汇报》中进一步指出："对少数民族的生育政策，可以考虑人口在一千万以下的少数民族，允许一对夫妇生育二胎，个别的可以生育三胎，不准生四胎，具体规定由自治地方的人大和政府，有关的省、自治区，根据当地实际情况制定，报上一级人大常委会或人民政府批准后执行。"1984 年颁布施行的《中华人民共和国民族区域自治法》明确规定："民族自治地方的自治机关根据法律规定，结合本地方的实际情况，制定实行计划生育的办法。"90 年代，全国所有的省、直辖市、自治区都通过了地方性的人口与计划生育条例。如：广西壮族自治区的生育政策规定，夫妻双方为瑶族、苗族、侗族、毛南族、回族、彝族等一千万以下人口少数民族的，经批准可以有计划地安排生育第二个孩子，但生育间隔不得少于四周年。吉林省规定：夫妻双方均是少数民族的，允许生育二胎，生育间隔为四年；夫妻一方为少数民族的，允许生二胎，生育间隔为八年。新疆维吾尔自治区规定：城镇少数民族居民一对夫妻只准生育两个子女，少数民族农牧民一对夫妻可生育三个子女；符合特定条件的可再生育一个子女。宁夏回族自治区规定：职工、城镇居民和农民，夫妻双方或一方是少数民族的，可生育两个孩子；一些山区县的少数民族农民可以生育三个孩子。21 世纪以后，我国少数民族的计划生育政策逐渐完善，并上升到法律的高度。2001 年 12 月 29 日，第九届全国人大常委会第 25 次会议通过了《中华人民共和国人口与计划生育法》，该《生育法》规定：少数民族也要实行计划生育，具体办法由省、自治区、直辖市人民代表大会或者其常务委员会规定。

（三）贫困地区扶贫开发政策

我国的贫困问题由来已久，尤其是我国农村的贫困问题尤为严重，主要表现就是基础设施薄弱以及人口增长过快。因此在贫困地区推行计划生育是我国计划生育工作的重点。解决我国贫困地区的人口发展问题最有效的措施就是将扶贫开发与计划生育工作相结合，通过这一措施可以促进贫困人口转变生育观念，稳定生育水平；提高人口素质，带动贫困地区的经济发展，改善贫困地区的贫困现状。

20世纪80年代，我国才开始有针对性的实施扶贫开发政策，首先是在相对落后的农村地区。因为我国在20世纪50年代通过户籍管理制度将城乡分割，使得农村地区更加落后，城乡差距不断扩大，因此尽快使贫困地区脱贫致富显得尤为重要。1978年，我国农村尚未解决温饱的贫困人口达到2.5亿人，数量庞大，但当时政府的扶贫政策主要表现为社会救济，这一时期的反贫困是在总体经济发展水平较低，全国普遍贫困的背景下制定的。改革开放以后，我国开始利用制度改革的方式缓解贫困，首先是以家庭承包经营制度取代人民公社的集体经营制度。这种变革使得农民对土地有了一定的自主权，不仅提高了农民的积极性，而且提高了土地产出率，解放和发展了生产力。其次，提高了农产品的收购价格，增加了农村劳动力在非农领域的就业面，改善了农村的生活水平。据统计，1978年到1985年，农村人均粮食产量增长14%；棉花增长73.9%；肉类增长87.8%；农民人均纯收入增长了2.6倍；没有解决温饱的贫困人口从2.5亿人减少到1.25亿人，占农村人口的比例下降到14.8%；贫困人口平均每年减少1786万人，贫困发生率从30.7%下降到14.8%[①]。

20世纪80年代中期，我国农村贫困地区的经济快速增长，但仍有少数地区的经济发展缓慢，使得我国农村间也出现发展不平衡的现象，这一因素直接影响了我国整体的经济发展，同时尽快改变我国贫困地区的经济落后现状关系着我国经济长期协调发展。因此，我国政府在这一阶段开始大规模地开展扶贫开发计划。1984年9月，中共中央、国务院发出《关于帮助贫困地区尽快改变面貌的通知》。《通知》指出：中共十一届三中全会以来，全国农村形势越来越好；但农村经济还存在发展不平衡的状态，特别是还有几千万人口的地区仍未摆脱贫困，群众的温饱问题尚未完全解决。解决好这些地区的问题，有重要的经济意义和政治意义。1986年6月，我国政府成立了国务院贫困地区经济开发领导机构，专门负责组织、领导、协调、监督扶贫开发工作。这一阶段的扶贫开发工作取得显著效果，如：国家重点扶持的贫困县农民人均纯收入从1986年的206元增加到1993年的483.7元；农村贫困人口由1.25亿人减少到8000万人，平均每年减少640万人，平均递减

---

① 国务院.中国的农村扶贫开发白皮书［EB/OL］.新华网，2001-10-6.

6.2%；贫困人口占农村总人口的比重从14.8%下降到8.7%①。1993年，我国农村贫困人口已减到8000万人，主要集中在中部和西部。由于中西部贫困地区的地理环境条件恶劣，因此必须根据不同地区的不同特点，有针对性地解决贫困问题。1994年3月，中共中央、国务院颁布了《国家八七扶贫攻坚计划》，《计划》提出：集中人力、物力、财力，动员社会各界力量，力争用七年左右的时间，到2000年底基本解决农村8000万贫困人口的温饱问题。主要的措施有：加大扶贫资金的投入，确定扶贫的指导方针，明确强调扶贫开发项目进村到户等。1996年9月，中共中央、国务院联合召开中央扶贫开发工作会议，再次强调了扶贫攻坚解决温饱的重大意义，并作出《关于尽快解决农村贫困人口温饱问题的决定》，制定了一系列更加有力的政策措施。通过实施这些措施，到2000年底我国的农村贫困率降到3%左右，这意味着我国扶贫计划工作有了明显的效果。

2001年5月，国务院制定了《中国农村扶贫开发纲要（2001—2010）》，明确提出到2010年的奋斗目标：尽快解决极少数贫困人口温饱问题，进一步改善贫困地区的基本生产生活条件，巩固温饱成果，提高贫困人口的生活质量和综合素质，加强贫困乡村的基础设施建设，改善生态环境，逐步改变贫困地区社会、经济、文化的落后状况，为达到小康创造条件。为此，我国不断加大力度支持中部和西部的发展，同时出台了一些政策支持中西部贫困地区的经济发展。如：西部大开发战略通过加强基础设施建设、改善居民的生活环境、发展教育等措施提升贫困地区的经济发展。通过几十年的努力，我国扶贫开发工作取得了不错的成绩。农村贫困监测调查表明：2003年农民收入稳步上升，比上年实际增加4.3%；农民税费负担大幅度下降，比上年减少14.5%；贫困地区基础设施和农村义务教育也有进一步改善②。

（四）城市政策

1962年，党中央、国务院发出《关于认真提倡计划生育的指示》，该指示正式提出要在城市提倡节制生育，长期实施这一政策有利于保护母亲和儿童健康。1963年党中央、国务院发出《第二次城市工作会议纪要》的指示，该指示再次提出要在城市积极开展计划生育工作，具体措施包括：今后城市职工做节育和结扎手术一

---

① 国务院扶贫开发领导小组. 中国农村扶贫开发概要[M]. 北京：中国财政经济出版社，2003.

② 国家统计局农村社会调查队. 中国农村贫困监测报告：2003[M]. 北京：中国统计出版社，2003.

律免费，并且在短期休养时间内工资照发。1964年国务院下发的《关于计划生育经费开支问题的规定》中第二条指出：国家机关、企业、事业单位、党派、团体工作人员和企业职工家属施行男、女绝育结扎手术，放、取节育环或人工流产，所需挂号费、住院费、检查费、医药费和手术费，企业职工及正式职工供养的直系亲属在企业"医药卫生补助费"中开支；国家机关、事业单位、党派、团体等享受公费医疗待遇的人员，按原来医药费领报关系，在"公费医疗经费'或本单位经费中开支。1971年国务院批准并转发了《关于做好计划生育工作的报告》，报告强调"要有计划生育"，要求除人口稀少的地区外，各级都要加强对计划生育工作的领导。1969、1970年，全国人口自然增长率分别高达千分之二十六点一和二十五点八。报告提出在第四个五年计划期间人口自然增长率要逐年降低，争取到1975年一般城市降到千分之十左右，农村降到千分之十五以下。1991年党中央、国务院作出《关于加强计划生育工作严格控制人口增长的决定》，提出我国现行的计划生育政策是：提倡晚婚晚育，少生优生；提倡一对夫妇只生育一个孩子。国家干部和职工、城镇居民除有特殊情况经过批准可以生第二个孩子外，一对夫妇只生育一个孩子。

2001年12月，我国颁布了《中华人民共和国人口与计划生育法》，这部法律的颁布实施，是中国人口与计划生育事业发展史上一个重要的里程碑，它代表我国首次以法律的形式确立计划生育政策，为我国计划生育工作提供了法律保障。该《生育法》规定："国家稳定现行生育政策，鼓励公民晚婚晚育，提倡一对夫妻生育一个子女；符合法律、法规规定条件的，可以要求安排生育第二个子女。具体办法由省、自治区、直辖市人民代表大会或者其常务委员会规定。"随后，各个省、市、自治区纷纷修订各地区的《计划生育条例》，这一政策的实施使得我国在全国范围内放开双独家庭生二胎政策（双独是指夫妻双方均为独生子女）。如：2002年河南省修改了《河南省人口与计划生育条例》，该条例第十七条规定：符合条件之一要求生育的，经批准可以按计划生育第二个子女，其中第七点为夫妻双方均为独生子女的，可以生育第二个子女。

2013年11月15日，十八届三中全会通过的《中共中央关于全面深化改革若干重大问题的决定》对外发布，其中指出："坚持计划生育的基本国策，启动实施一方是独生子女的夫妇可生育两个孩子的政策"，这标志着"单独二孩"政策将正式实施。该计划于2013年底或2014年初试行。"单独二孩"政策的实施，有利于适当提高我国的生育水平，在一定时期内可以实现人口的均衡发展，同时有利于缓解我国老龄化的程度以及出生人口性别比例失衡的现状。

第二节　计划生育利益导向政策实施存在问题分析

计划生育利益导向机制的建立和实施，对转变广大群众的生育观念，促进农村经济的发展，提高农村计划生育家庭的地位和改善他们的生活起着重要的作用，对新形势下提高人口素质、稳定低生育水平具有重要意义，标志着我国计划生育工作思路和工作方法的根本性转变，开创了我国人口和计划生育工作的新局面。但是几十年来的计划生育利益导向政策在推行过程中也遇到了一些挑战和问题。

首先是普惠政策与计划生育政策在导向上的冲突。近几年，国家实施"民生"工程，相继出台了一系列普惠性政策，实实在在惠及了千家万户。但是，这些政策基本上都是按照家庭人口数量进行补助，或根据家庭经济状况进行筛选，在导向上没有考虑计划生育的因素，没有考虑计划生育家庭的利益，反而使计划生育家庭失去了以往从政策项目中得到的优先、优惠，而且由于家庭人口少，得到的优惠和补偿远不及多子女家庭，客观上造成了"多生多受益"、计划生育家庭吃亏的现象，形成了与计划生育政策的矛盾和冲突。普惠政策的效应也比计生利益导向政策的效应明显：从影响力来看，全国人均月最低保障标准要远远高出计生利益导向政策的补偿标准；从影响面来看，生活最低保障已经基本做到了在全国覆盖，而计生利益导向政策的扶助的实际受益面非常小、政策知晓度不高；从影响种类来看，计生利益导向政策的"二免一补"政策（免杂费、免书本费、补助寄宿生生活费）、"三免四减半"政策（门诊患者免交普通挂号费、注射手续费、换药手续费，住院病人的"三大常规"费、胸片检查费、普通床位费、护理费各减免50%）与2006年起开始实行的免费义务教育政策和农村新型合作医疗政策相比，计生利益导向政策的影响较小。

其次，计划生育家庭养老保障制度亟待提升到国家层面。利益导向制度设计中解决计生家庭养老问题的制度依然滞后，实施中的奖励扶助等项目不能从根本上解决计生家庭的养老问题，农村计生家庭这一问题更为突出。很多地方也在积极进行尝试建立针对农村独生子女户和"二女户"夫妻的养老保险制度，并在局部加以实施。但是，由于国家缺乏相关政策，各地自主实践的结果是多种形式的计划生育养老保障政策遍地开花，这一方面形成养老保障制度碎片化的发展趋势，不利于养老保障制度建设；另一面受地方财力和制度规范性的影响，这些地方性政策的前景难料，一旦中途夭折必然会失信于民，也会影响到计生利益导向机制的公信度。因此，由中央政府出面制定和实施针对计划生育家庭的统一的养老保险制度成为目前一项十分迫切的任务。只有上升到国家层面，才能使这一制度更具稳定性、长期性和规范性，才能体现基本国策的特点。

再次，计生利益导向政策缺乏统一的执行标准，奖惩机制、激励效应难以实现。利益导向政策多而散，缺乏系统性。已经出台的计划生育奖励、优先、优惠、扶助等制度，除了奖励扶助制度外，各个省、市、县都是各有各的做法，对象、标准不一，但具体而言各种单项措施帮扶金额都不大，有些措施还缺乏连续性。种类繁多的政策缺乏整合且力量分散，既不利于利益导向机制建设的整体推进，群众也难以做到知情，从而影响了利益导向政策的实施效果。由于缺少具体保障措施，奖励优惠政策也难以兑现。由于各地经济条件和工作基础不同，国家和各省制定的计划生育奖励优惠政策多是一些原则性规定，对具体的兑现方法和兑现措施没有明确的规定，给各地留下了很多的自主空间。尤其是在市场经济形势下，随着经济主体日益多元化，用工形式越来越灵活，企业在兑现计划生育奖励优惠政策方面的积极性比较低，人口计生部门也难以对其进行监督。同时，由于缺乏配套的监督机制和奖惩机制，对于计生利益导向政策兑现不力的地区和单位，人口计生部门往往又无能为力不能给予惩罚，从而造成"兑现与不兑现一个样、兑现好与兑现差一个样"的局面，进一步加剧了兑现难的问题。另一方面，违反计生规定的处罚弹性较大，激励效应难以体现。另外，一些计生部门和基层政府没有严格执行计划生育政策，对意图超生者睁一只眼闭一只眼，一旦超生成为事实，便"缴钱了事"，一些地方甚至存在"放水养鱼"的问题，这样就会导致遵守计划生育政策的群众心理严重失衡，产生了负面的诱导现象。

随着社会经济的发展，计生利益导向政策体系在实践的过程中又面临着许多新的问题。这些问题如果得不到有效解决，将会影响其有效实施。这主要体现在以下几个方面：

第一，目前利益导向政策体系的一些政策规定，还带有浓厚计划经济的色彩，即通过政府出政策、单位出钱出物的方法，将政府应承担的责任和义务转移到社会和单位。但在目前"单位"呈现出越来越多元化的社会组织形态的情况下，以单位为主落实计生利益导向奖扶政策难以实现。其中有一些计生利益导向政策已失去了原有的政策基础以及法理依据，从而使相应的计划生育奖励政策施行起来难以为继；另一方面，由于一些部门产业化、市场化的运作方式，企业单位对这些优惠政策难以认同和接受；即使勉强作出让步，优惠政策也难以实际操作和落实到位。这些原因导使这些优惠与奖励措施难以真正落实。

第二，随着农村人口计生奖扶政策的逐步落实，处于边缘化的"城镇社会人"

的计生奖扶政策的落实问题也日益凸显出来。大量的"城镇社会人"(如城镇个体户、自谋职业者、无业人员等),其中还包括一些家庭经济困难的城镇计生户,他们的计划生育奖扶经费由谁落实、怎么落实,目前尚处于"空白",并由此成为他们拒绝或者逃避计生政策的借口。

第三,计生利益导向政策的奖惩费用差距太大。相对于对"超生"所征收的巨额社会抚养费而言,计划生育奖励费显得微不足道。这一点,基层群众颇有微辞,有些学者建议应该将征收巨额的社会抚养费用作计划生育奖励费用,真正做到"取之于民,用之于民"。

第四,流动人口中的利益导向政策体系尚未建立,这一部分群体还没有享受到利益导向政策体系的保障服务。"六普"统计数据显示,2010年我国居住地与户口登记地所在的乡镇街道不一致且离开户口登记地半年以上的人口为2.6亿多;与"五普"相比,增长了81.03%。但是,目前我国相当部分的流动人口未能享受到利益导向政策,仍然处于"两头无着"的弱势状态,既无法享受流入地城镇居民的待遇,也无法享受原流出地农村村民的待遇,流动人口中的利益导向机制尚未完全建立起来。

第五,利益导向政策体系关于奖扶目标人群的确认存在一定程度的偏离。这主要包括以下几个方面的问题:一是"人户分离"问题。流动人口跨地区的流动造成了人户分离问题。由此导致计生家庭服务部门收集不到所需的相关信息,无法确认是否符合奖励扶助条件,更谈不上发放落实。二是"半个农户"问题。目前有不少家庭属于"城乡结合户",一方是城镇户口,另一方则是农村户口,所以即使其生活在农村,但只有户口在农村的一方才可以享受计生政策奖励扶助。三是再婚家庭问题。按照相关政策规定,再婚夫妻再婚前、后生育子女数要合并计算。有一部分农村群众再婚前双方均符合奖励扶助条件,但再婚后子女合并计算,双方均不符合条件,享受不到奖励。

第六,在利益导向政策体系的落实过程中,各部门的协调运作机制尚未建立,人口计生部门尚未摆脱"孤军作战"的困境,虽然国家相关法律法规对教育、公安、卫生等部门在利益导向政策体系落实过程中的地位和作用有非常明确的分工,但由于部门工作着眼点的不同,人口计生部门涉及与其他部门的沟通协作问题时,往往是针对具体的问题临时沟通,没有使与计生利益导向政策相关的协商机制制度化、规范化,从而导致利益导向政策体系的落实工作主要靠人口计生部门来推动,施行起来缺乏效率。

第七,利益导向政策体系在具体实施过程中,有一些基层存在着"重文件轻落实"或者"此一时彼一时"的情况，从而使一些优惠政策流于形式，停留在文件上。目前，我国利益导向政策体系的实施一般实行省、市、县、乡镇等四级政府分级负责的形式；但在实际工作中，有一些经济比较差的地区在经费筹措以及优惠政策的落实方面会打折扣。

由于以上诸多原因，虽然目前我国计生利益导向政策体系实施氛围热烈，但实施效果远没有达到预期。所以我们计划生育工作的重点与力度应当由主要依靠社会制约机制向依靠利益导向和社会制约机制相结合方向转移与调整，不断促使人民群众计划生育由主要是受控行为向自觉自愿的主动行为——一种我们所祈盼的理想境界转变，这应该是，也必将是我国计划生育工作的根本发展方向。只有这样，才能从根本上解决当前计划生育工作中出现的难题。

第三节 湖北省计划生育利益导向政策实施状况及存在问题

一、湖北省有关计划生育利益导向政策的法律法规

湖北省政府按照中央有关精神，出台了一系列的政策文件和条例规定，使计划生育利益导向政策有法可依，有章可循。湖北省先后出台的有关计划生育利益导向政策文件有《关于广泛开展关爱女孩行动综合治理出生人口性别比偏高问题的行动计划》，鄂政办发〔2006〕89号；《湖北省委省人民政府关于建立完善人口和计划生育工作新机制的实施意见》，鄂发〔2006〕18号；《湖北省人口发展"十一五"和2020年规划》；《关于全面加强人口和计划生育工作统筹解决人口问题的决定》，鄂发〔2007〕25号；《湖北省人口与计划生育条例》（2008）；《关于转发省人口计生委等部门湖北省农村独生女高考加分政策性照顾暂行办法的通知》，鄂政办法（2009）32号；《省人口计生委关于做好新型农村社会养老保险制度与人口计生政策相衔接工作的指导意见》；省人口计生委与省扶贫办联合印发了《关于进一步做好扶贫开发与计划生育相结合工作的意见》，对计划生育贫困家庭实行优先优惠。这些政策从原则要求、重要内容、工作机制、管理制度、法律责任等方面对各地市州构建计划生育利益导向政策起了重要的指导和参照作用。这些政策的实施，更新了工作思路和方法，体现了以人为本的精神，推动了湖北省计生工作的发展和进步。

表 1-1　　　　　　　　有关湖北省计划生育利益导向政策

文件名	出台依据和时间	主要内容（或重点条款）
关于广泛开展关爱女孩行动综合治理出生人口性别比偏高问题的行动计划	鄂政办发〔2006〕89号 2006年9月4日	落实有利于女孩及计划生育女儿户的利益导向机制。各地按照《湖北省人口与计划生育条例》规定，普遍建立人口与计划生育奖励专项资金，依法纳入同级财政预算；加大对落实计划生育奖励政策的经费投入，重点落实农村部分计划生育家庭奖励扶助制度和法律法规规定的计划生育奖励政策，切实保障计划生育免费技术服务经费；在建立农村最低生活保障制度、新型合作医疗制度和养老保险制度时，对计划生育女儿户实行倾斜、照顾；协调相关部门帮助计划生育家庭发展生产，实现就业；鼓励和支持社会团体和企事业单位开展多种形式计划生育利益导向活动。
湖北省委省人民政府关于建立完善人口和计划生育工作新机制的实施意见	鄂发（2006）18号 2006年9月13日	全面落实法定投入和奖励政策。 建立农村部分计划生育家庭奖励扶助制度。 将计划生育困难家庭纳入社会救助范围。 建立有利于计划生育的社会保障制度。
湖北省人口发展"十一五"和2020年规划	2007年8月10日	建立和完善政府为主、社会补充的人口和计划生育利益导向政策体系。逐步形成奖励扶助、困难救助、养老和医疗扶助等为主体的较为完整的人口和计划生育利益导向机制。全面推行农村计划生育家庭奖励扶助制度和"少生快富"工程，落实独生子女父母奖励、计划生育免费基本技术服务制度。积极探索建立独生子女伤残死亡家庭扶助、长效节育措施奖励、节育手术保险、城市计划生育夫妻年老一次性奖励等制度。对符合社会救助条件的计划生育家庭，通过城乡最低生活保障、低保对象医疗救助以及农村五保户供养、特困户生活救助等制度予以帮助。在就业培训、合作医疗、扶贫开发、宅基地划分、改水改厕、沼气应用、新技术推广等方面，制定和完善对计划生育家庭特别是农村独生子女和双女户家庭的优先优惠政策。按照资格确认、资金管理、资金发放、社会监督等职责分设原则，确保每一个符合条件的对象领到奖励扶助金和享受优惠政策。

续表

文件名	出台依据和时间	主要内容（或重点条款）
关于全面加强人口和计划生育工作统筹解决人口问题的决定	鄂发〔2007〕25号 2007年12月29日	建立健全人口和计划生育利益导向机制。 制定和完善对计划生育家庭、特别是农村独生子女和两女户家庭的优先优惠政策。 全面推行农村计划生育家庭奖励扶助制度，确保奖励扶助金及时足额到位；落实独生子女父母奖励制度和计划生育免费基本技术服务制度。 建立独生子女伤残死亡家庭扶助制度，依法落实城市计划生育夫妇年老一次性奖励等制度；符合社会救助条件的计划生育家庭，通过城乡最低生活保障、医疗救助以及特困户生活救助等制度予以帮助。
关于转发省人口计生委等部门湖北省农村独生女高考加分政策性照顾暂行办法的通知	鄂政办发〔2009〕32号	第二条　本办法适用于户籍在本省行政区域内父母领取了《独生子女父母光荣证》或《独生子女证》的农村独生女考生。 第三条　农村独生女参加高考报考省属高校时，可申请享受在文化成绩总分基础上增加10分投档的政策性照顾。
湖北省人口与计划生育条例	湖北省人民代表大会常务委员会公告（第九十号）2008年11月29日	第三十六条　建立人口与计划生育奖励专项资金，专项资金通过政府拨款、社会捐助、社会抚养费、计划生育罚没收入等渠道筹措，主要用于奖励独生子女家庭。 第三十八条　自愿终身只生育一个子女的育龄夫妻，由夫妻双方申请，经乡（镇）人民政府或者街道办事处登记，发给《独生子女父母光荣证》，并享受以下优待。 第三十九条　实行农村计划生育家庭奖励扶助制度。只有一个子女或者两个女孩的农村计划生育家庭，按照国家规定对夫妻双方分别发给奖励扶助金。 第十四条　实行计划生育家庭特别扶助制度。独生子女死亡或者伤残的计划生育家庭，按照国家规定对夫妻双方分别发给特别扶助金。

注：笔者根据各种资料整理

二、湖北省有关计划生育利益导向政策的具体内容

新世纪以来，湖北省人口与计划生育委员会积极探索，目前已经建立起奖励、优先、优惠、扶持、保障、救助"六位一体"的利益导向机制。具体内容如下：

1. 奖励制度

奖励制度主要包括农村部分计划生育家庭奖励制度；"节育奖"为主的长效节育措施奖励制度。《湖北省人口与计划生育条例》中规定，"独生子女户可以领取独生子女保健费"（父母每人每月10元，至孩子年满14周岁），对农村独女户当年领取《独生子女父母光荣证》、已采取长效节育措施的夫妻，给予2000元以上一次性奖励或资助其办理养老保险。生育第二个女孩并落实绝育措施的夫妻，给予1000元以上的一次性奖励。

2. 帮扶、救助制度

奖励、救助制度主要包括"少生快富"工程；独生子女伤残死亡家庭扶助制度；计划生育困难家庭救助制度。独生子女伤残死亡家庭扶助制度主要指，独生子女家庭，女方年满49周岁，独生子女死亡后未再生育或合法收养子女的夫妻，由政府给予每人每月不低于100元的扶助金，直至亡故为止；独生子女伤、病残后未再生育或收养子女的夫妻，由政府给予每人每月不低于80元的扶助金，直至亡故或子女康复为止。宜昌市夷陵区对独生子女死亡家庭每年每户救助1000元，对独生子女因意外伤残导致丧失劳动能力的家庭每户每年救助800元。"少生快富"工程主要是帮助计划生育家庭制订发家致富规划，帮助他们落实致富项目。在推广致富项目时，优先安排给计划生育家庭。

3. 优先、优惠政策

优先政策就是发挥有关部门和乡镇、村的作用，在同等条件下，优先向独生子女家庭和二女户家庭倾斜。优惠政策就是对计生家庭减免一定数额的费用或给予一定的补助。

《湖北省人口发展"十一五"和2020年规划》规定，在就业培训、合作医疗、扶贫开发、宅基地划分、改水改厕、沼气应用、新技术推广等方面，制定和完善对计划生育家庭特别是农村独生子女和双女户家庭的优先优惠政策。

在教育方面，湖北省政府办公厅下发了《关于转发省人口计生委等部门湖北省农村独生女高考加分政策性照顾暂行办法的通知》，规定农村独生女参加高考报考省属高校时，可申请享受在文化成绩总分基础上增加10分投档的政策性照顾。湖北省教育厅下发了《关于深入推进和进一步完善中考改革的意见》，明确规定

"对农村家庭独生女、双女户学生实行加分"。全省各个地区对计划生育女孩实行了中考加分政策。

各个地市州也出台了不少利益导向政策：在医疗方面，如黄石市规定，二女户及独女户的育龄妇女在全市各级计生服务机构查治妇科病，挂号费、检查费全免，治疗费减免50%。为二女户及独女户的女孩免费办理新型农村合作医疗，减免计生家庭个人交费金额。二女户及独女户的女孩，在18周岁以内，在本市乡镇（街办）卫生院及医疗保健机构就医，挂号费全免，手术费减免50%；卫生部门每年对计生家庭免费体检一次。在就业方面，如巴东县规定，优先为独生女家庭免费提供再就业岗位和免费职业技能培训，优先推荐独生女大中专毕业生就业。如大冶市规定，对二女户及独女户的家庭成员提供免费职业介绍并优先推荐就业，参加职业技能培训每人可一次性给予500元的培训补贴。在宅基地划分方面，如大冶市规定，农村征地补偿、移民搬迁、危旧房改造等补助政策要对计生女孩家庭优先考虑，并提高20%补助标准。农村宅基地调整分配时，应对二女户及独女户给予两份分配。

4. 计划生育保障和养老保障政策

计划生育保障和养老保障政策就是对计生家庭实行养老补助，解除后顾之忧。《湖北省人口委、省民政厅关于加强部门配合共同做好人口和计划生育工作的意见》中规定，对享受农村低保待遇和实行计划生育低收入家庭遇到突发性临时困难，按规定适当给予一次性临时救助，缓解他们基本生活困难。很多县市也出台了政策，如大冶市规定，对纳入低保的独女家庭，在享受普惠政策的基础上，由乡镇政府（街办）每人每月给予不低于30元的补贴；惠农政策按人均落实资金或项目的，农村独生子女家庭按两个子女数对待，二女户家庭按三个子女数对待。如巴东县规定，农村独生女及其父母（女方满49周岁）、农村独生子女伤残或死亡后未再生育的夫妻（女方满49周岁）、计划生育手术并发症人员，免费参加新型农村养老保险。

三、湖北省计划生育利益导向政策实施取得的成就

计划生育利益导向政策的实施取得了较大的成就，提高了计生家庭的生活水平和保障能力，改变了计生家庭的生存环境，群众婚育观念有较大转变、出生人口性别比偏高问题得到遏制，为湖北省人口均衡发展作出了巨大贡献。

自2004年实施家庭奖励扶助制度以来，湖北省各项奖扶人数在不断增加，2004年，基本奖扶人数仅为10075人，而2010年全省落实奖扶对象增加到14.51

万人,特扶对象2.16万人,落实独生子女保健费1.3亿元(见表1-2)。企业退休职工计划生育一次性奖励落实面达96%,资金落实率达80%。全省有90个县(市、区)对农村独生子女和二女户参加新农合个人缴费进行部分减免,或增加报销比例。全省13个新农保试点县(市、区)对农村独女户、两女户、独生子女死亡伤残家庭、节育手术并发症家庭给予每月加发10~50元基础养老金的政策性照顾,2010年有11648人享受加发基础养老金待遇,补贴金额224.7万元。全省"惠民计划"试点工作拓展到12个县市,对农村计生女儿户家庭给予了更多的保障。宜都、汉川实现了计划生育利益导向"全覆盖",女儿户和计划生育家庭的发展能力得到显著提升(杨云彦,2012)。

表1-2　2004—2010年湖北省部分计划生育家庭奖励扶助制度实施情况

年份	基本奖扶人数	子女伤残人数	子女死亡人数	基本奖扶金额	子女伤残奖扶金额	子女死亡奖扶金额	奖扶总金额
2004	10075			605			605
2005	63898			4104			4104
2006	83425			5006			5006
2007	97289			5837			5837
2008	108552	6246	10230	6513	600	1227	8340
2009	125302	7178	11936	9022	689	1432	11143
2010	145099	8178	13449	10444	785	1614	12843

数据来源:湖北省人口和计划生育委员会提供

农村独生女高考加分工作成效明显。湖北省是全国实行农村独生女高考加分政策的唯一省份。从2009年开始,湖北省全面实行农村独生女高考加10分政策,因加分被各类高校录取的总人数为16815人(杨云彦,2012),圆了一大批农村独生子女的大学梦。实践证明,实施农村独生女高考加分政策,在一定程度上弥补了教育资源的不均匀性,关注了弱势群体,提高了国民素质,使计划生育家庭得到了实惠,优先享受到改革发展的成果,是湖北省建立完善计划生育利益导向机制,营造有利于计生女孩及其家庭的生存发展环境,促进群众婚育观念的转变和出生人口性别比偏高问题综合治理,统筹解决人口问题的有效举措。

各种利益导向政策的实施,使得湖北省出生人口性别比升高势头得到了遏制,并保持稳步下降态势。最新数据显示，2000—2010年间，在全国出生人口性别比继续攀升的背景下，湖北省2010年出生人口性别比为124.17，比"五普"下降4.01个单位值（杨云彦，2012）。宜昌、荆门、恩施、潜江等地出生人口性别比大体接近正常水平；全省9个市州、64个县（市、区）出生人口性别比不同程度下降，其中武穴、新洲等县市区下降幅度在40个单位值以上；多年来出生人口性别比重严重偏高的鄂州、天门、黄冈等市呈现出较大幅度的下降（杨云彦，2012）①。

四、湖北省各个地区计划生育利益导向政策存在的问题

（一）一些政策过于空泛，缺乏操作性

从目前各地出台的奖励优惠政策看，其内容涉及生产、生活、生育、就学、就医、就业等方方面面，可谓林林总总，包罗万象。但有些政策缺乏针对性、操作性。如有的地方计生部门出台的文件中要求各级科技部门、科技协会对实行计划生育的家庭主动提供适合家庭经济发展需求的科技项目和信息，优先安排其参加各级各类技术培训，还有城市占道费减免，竹山县、团风县计生家庭优先享受扶贫信贷贴息政策等，这种要求仅是一般性的号召动员，没有可操作性，实际工作中很难落实到位。据了解，计生家庭在农业技能培训、城市占道费、扶贫信贷等方面受到优惠政策很难落实。

（二）一些政策面涉及过窄，计生家庭体验不到

各个地方出台了大量针对计生家庭优先优惠的计划生育利益导向政策。如襄阳市实施各级林业部门在批准农村独生子女家庭和农村双女绝育家庭按计划采伐林木时，减免20%的林业规费。如团风县实施各级农业部门在批准实施农村沼气项目、改水改厕、农业产业化和农业科学技术引进及推广、各种农业科学技术培训等项目中，优先安排农村独生子女家庭和农村双女绝育家庭。各级扶贫部门在安排扶贫项目时，项目惠及对象优先安排和照顾农村独生子女家庭和农村双女绝育家庭。这些政策出台的目的是非常好的，但是真正能享受这些项目的计生家庭较少，涉及面较窄，计生家庭体验不到。

（三）政策的利益奖扶程度不一致，存在一定差异

各个地方出台的利益导向奖扶力度不一致。如教育方面，在襄阳对农村独女家庭的考生中考成绩加10分，农村双女绝育家庭的考生中考成绩加5分，而在团风

---

① 杨云彦.从社会性别平等角度推进出生人口性别比综合治理工作[J].人口与计划生育，2012（5）.

县，对农村独生女或计划生育双女在参加中考时加10分录取。而仙桃市不仅对农村独生女或计划生育双女在参加中考时加10分录取，而且还减免择校费。农村落实节育措施的二女户，在大冶市，一次性给予6000元的奖励，而在仙桃市是给予3000元的奖励，在团风县是给予2000元的奖励，在襄阳一次性给予不低于1000元的奖励。

（四）一些政策与其他部门形成利益冲突，缺乏周密性

政府出台了利益导向政策，要求各个部门对计生家庭实行较优惠的政策措施，如在计生技术服务机构进行生殖健康检查时免收检查费，医疗机构免收普通门诊挂号费，CT、核磁共振等大型医疗检查费用减免10%，申办客运、货运、营业证照时工本费减免20%，免收年检费，有线电视入网初费免收，等等。然而，这些负责部门早已实行产业化、市场化运作，这些收费项目已成为维持正常工作运转所必需，因此相关部门对这些优惠政策难以认同和接受，有的即使勉强作出让步，但手续比较复杂，各种手续成本也比较高，导致很多计生家庭没有真正得到优惠。

此外，很多优先政策，也使不同部门的利益产生冲突和损失。如政府鼓励各类企业在招收从业人员时，优先招收二女户及独女户的夫妇及其女儿，但是企业是独立的法人实体，需要招聘真正为企业有用的人才，优先考虑独女户家庭的成员，这与企业的招聘原则发生了冲突。

对独女户或双女户在扶贫项目上，优先享受扶贫信贷贴息政策，这与银行追求利润和控制风险等很多原则发生冲突。

（五）政策的办理手续比较复杂，手续成本比较高

政府制定了很多优先优惠政策，但是在享受各种优先优惠政策时，需要村、乡镇的各个部门盖章，而且各个部门在核实过程中也是需要花费大量的精力和时间。如交通运输部门对农村独（双）女户家庭申办客运、货运、营业证照时工本费减免20%，免收年检费，在办理这些证件时涉及村、乡镇、县计生部门、交通部门等几个部门，手续比较复杂。如卫生部门规定二女户及独女户育龄人员实施计划生育手术后发生并发症的，经人口计生专业机构鉴定确认，确需住院治疗的，经市人口计生局审核后到指定医院治疗，住院报销比例按各级定点医院报销比例报销，新农合报销以外的治疗费用从市、乡镇（街办）计生免费服务经费中按照各50%的比例承担。这些手续办理更加复杂，涉及村、乡镇计生部门、卫生局、计生专业机构、指定医院、社会保障部门等，计生家庭办理该项目的成本也很高。

第四节 对农村部分计划生育家庭奖励扶助制度的评估分析

在推行计划生育政策 30 多年后，我国妇女生育水平已经降到更替水平以下，人口过快增长的局面得到有效控制，人口再生产类型的转变基本完成。① 但同时，家庭生育数量的减少也带来了新的问题，特别是在农村，养老、医疗等社会保障制度至今尚未建立，家庭几乎承担了全部的养老功能。农民少生孩子，在某种程度上弱化了家庭的保障功能。② 同多子女家庭相比，独生子女家庭和双女户家庭在生产、生活和养老方面面临的困难要大得多。③ 特别是子女伤病残及意外死亡的农村计划生育家庭，生活困难，境遇凄凉。这些群众度过劳动年龄后，逐渐由实行计划生育的优势群体变为弱势群体。为了解决计划生育夫妇进入老年的养老问题和生活困难，同时也为了实现计划生育工作机制由处罚多生向奖励少生转变，进一步稳定低生育率，国家人口和计划生育委员会等部门在总结各地试点经验的基础上，提出农村部分计划生育家庭奖励扶助制度（以下简称奖扶制度），即国家在现行计划生育奖励优惠政策基础上，针对农村只有一个子女或两个女孩的计划生育家庭，夫妇年满 60 周岁以后，由中央和地方财政安排专项资金给予奖励扶助的一项基本计划生育奖励扶助制度。2004 年 5 月，财政部和国家人口计生委联合下发了《农村部分计划生育家庭奖励扶助制度试点方案》（以下简称方案），试点工作首先在四川、云南、青海、甘肃、重庆五省市和安徽芜湖等 10 个省辖市全面启动，2005 年国家进一步扩大了试点规模，奖励扶助制度覆盖到安徽等 23 个省、市。

为评估分析奖励扶助制度政策对农村计划生育带来的效果，华中科技大学社会学系做了抽样调查和深度访谈分析。调查时间是 2005 年 7 月至 8 月，共发放问卷 1208 份，有效问卷 1204 份，其中奖扶对象 124 份。调查地点是从最早进行奖扶制度试点地方中选择，选取中部的湖北省宜都市和河南省孟州市、东部的江苏省邳州市，以及西部的贵州省桐梓县，然后在各县随机抽取若干村庄展开调查。访谈包括四个层次：调查县市的计生干部和政策相关部门干部、乡镇相关工作人员、村干部、村民。问卷调查是由经过培训的调查员（大学教师和在校研究生和本科生）

---

① 李建民. 后人口转变论 [J]. 人口研究, 2000 (4).
② 陈功. 我国养老方式研究 [M]. 北京：北京大学出版社, 2003.
③ 王秀银等. 一个值得关注的社会问题：大龄独生子女意外伤亡 [J]. 中国人口科学, 2001 (6).

入户访问填写。

确切地说,政策评估包括三个方面:一是对政策方案的评估,即对政策方案的合理性和可行性评估;二是对政策具体行动的评估,分析了解政策的执行情况;三是对政策效果的评估,分析判断政策是否达到预期的效果。本研究的评估基本上包括了上述三个方面,但限于篇幅,政策的可行性不在本文的分析之列。

一、对奖扶制度及其运行情况的评估

(一)奖扶制度的社会认同情况

一项政策的社会认同情况如何,直接关系到政策实施效果乃至政策的成败。奖扶制度的社会认同情况是笔者首先关心的问题。在这里,我们从政策总体认同情况和政策主要细节认同情况进行分析。

1. 政策总体认同情况

首先,计生干部普遍对奖扶制度有很高的认同和评价。几乎所有我们访谈的计生干部都对奖扶制度大加称道,因为它体现了"以人为本"的理念,它有利于改善计生工作者的形象。计生干部为群众送去养老金,群众对计生干部在心理上由排斥到接纳,在感情上由疏远到亲近,计生干部的形象得到改善,便于计生工作的开展。许多计生干部对奖扶制度是"举双手赞成",大有"相见恨晚"的感觉。其次,群众对奖扶制度也有很高的认同感。问卷分析显示,95%的被访者对该政策很赞成或较赞成,而不太赞成或很不赞成的只有0.7%。少数群众对奖扶制度不太赞成或很不赞成,主要是对政策中的部分条款的规定不满意。

2. 政策主要条款认同情况

这里的主要条款是指政策关于奖扶对象资格的规定和关于奖扶的金额标准。问卷调查表明,绝大部分群众认为政策关于奖励对象生育方面的规定是合理的,总的认同比例为94.5%,只有5.5%的人认为不合理。奖扶对象比非奖扶对象的认同程度高。我们在调查中发现,少数群众认为此项规定的不合理之处在于:一是政策有重女轻男之嫌。他们认为,只要不违反计划生育都应该得到奖励,两个女孩奖励,一男一女也应该奖励;二是没有生育的夫妇不在奖扶范围不合理。调查显示,奖扶对象对政策的各项规定赞同的比例往往高于非奖扶对象。关于奖扶年龄标准的规定,在我们调查的四个地区中,桐梓县、宜都市、孟州市三地都是按方案规定来确定奖扶对象的起始年龄,只有邳州市规定对一个孩子死亡或只有一个女孩的家庭,从50岁开始领奖励扶助金。调查数据显示,对于政策规定的年龄标准,有将近1/4的人认为偏高(24.3%),大部分人认为比较合适(68.2%),很少人认为标准偏低（2.1%）。关于奖扶金额标准的规定，我们所调查的四个地区，都是按照国家规定的最低标准实施的，即每人每月50元。问卷调查显示，群众对这一规定的金额标准认为偏高的很少，超过一半的人认为合适，但我们注意到，认为标准偏低的超过了1/3。与非奖扶对象相比，奖扶对象对奖扶金额标准的认同比例更高。我们在对计生干部的访谈时，部分干部也反映，奖扶的金额标准偏低，对群众的吸引力有限。

（二）对政策运行情况的评估

1. 群众对政策的知晓情况。调查数据显示，74.5%的调查对象知道有此政策，约占3/4；15.4%的人听说过，但不太清楚；仍有10.1%的人还不知道有该政策。可见，该政策的宣传效果总体还是不错的。问卷调查数据显示，多数群众知道政策关于奖扶对象生育情况的标准（61.9%），但也有相当一部分人不清楚（38.1%）。群众对政策规定年龄标准和金额标准的知晓率分别为76.8%和67.9%，23.2%的调查对象不知道年龄标准，不知道奖励金额标准的约占1/3（32.1%）。

2. 关于奖扶对象的确认。通过访谈和入户调查，我们发现奖扶对象实行严格的资格确认，大部分干部和群众赞同，认为这些程序是必要的。但也有干部认为确认程序应该简单些，因为资格确认实行反复多次的评议审核，工作量很大，成本高。就奖扶对象自己的看法，他们对确认程序的满意程度很高，91.6%的人表示满意，认为一般和不太满意的分别为3.4%和5.0%。那些不太满意的奖扶对象主要觉得过程太繁琐，各种证件（身份证、户籍证明、婚姻和生育证明等）要求严格，而这些人年岁较高，有些证件或者本来就没有，或者遗失，颇费周折。

3. 关于奖扶金的领取。应建立奖扶金社会化直通车发放政策。奖扶金按照统一要求建立奖扶对象个人账户，实行专账核算和直接拨付的办法，由省、自治区、直辖市委托中国农业银行或自行确定其他有资质的机构进行发放。财政和人口计生部门都不介入资金发放，避免截留或挪用。但是奖扶对象都是老人，有些甚至行动不便，他们领取奖励扶助养老金是否方便呢？调查表明，95.8%的奖扶对象认为领取奖励扶助养老金方便，只有4.2%的人认为领取不方便。

4. 关于政策的监督。这里要特别强调群众监督的重要性。调查中发现，我们所到的每个村都对奖扶对象名单张榜公布，政策的规定和运行过程的透明使这项政策实际处于群众的监督之下。那些了解政策及其实施过程的群众（占大多数）基本上都不担心政策在执行中会出现问题。很多调查对象说，国家有严格的规定，并且还要张榜公布，如果有人钻空子会很容易发现，有问题可以上告，用不着担心。

而且，各地还设立了专门的举报电话，宜都市对举报问题核查属实的举报人奖励现金 2000 元。在试点期间，邳州市人口计生委接到数十个举报电话，但经过核查，都是对政策理解偏差和对事实真相不了解，没有一个是真正的基层舞弊。由此看来，政策实施基本达到了公开、透明、公平、公正的目标，政策监督取得较好的成效。

（三）群众对政策作用的认同情况

1. 群众对奖扶制度改善老年人生活作用的认同情况。调查表明，91.2%的人认为奖扶制度对改善老年人晚年生活有很大帮助或有一定帮助，总体认同程度很高。奖扶对象认为有帮助的比例（94.3%）高于非奖扶对象（90.9%），特别是其中认为有很大帮助的奖扶对象远远高于非奖扶对象。

2. 实施奖扶制度的重要目标之一就是要引导更多农民自觉实行计划生育。奖扶制度是否真正能够起到这一方面的作用呢？86.2%的调查对象认为奖扶制度对群众选择少生育有作用，其中 29.2%的人认为有很大作用。

3. 奖扶制度将生育独生子女和双女的夫妇纳入奖扶对象，但对符合计划生育的生有一男一女的夫妇不予奖扶，这一制度是否在改变群众长久以来生育子女的性别偏好方面具有作用呢？71.5%的调查对象认为有作用。

4. 群众对奖扶制度改善干群关系作用的认同情况。80.2%的调查对象认为奖扶制度对改善干群关系有很大作用或有一些作用。总的来说，奖扶制度的社会效果得到了群众的普遍肯定，其中奖扶对象相对于非奖扶对象对政策有更高的积极评价。在对各级管理人员的访谈中，我们也得到了与问卷调查基本一致的信息。一些地方计生干部认为，如果政策的奖励扶助力度更大些，政策的社会效果会更加明显。

（四）群众对政策的信任度

奖扶制度的受益者是符合条件的老年人，但其生育导向作用主要还是针对中青年人。制度的持续性以及实施的公正性将影响周围群众对政策甚至对政府的评价。人们是否对这项没有先例的政策还心存疑虑，担心政策不能长期执行下去？是否担心政策执行中出现亲情操作或感情操作或者说群众对政策的信任度如何？这是我们关注的另一个方面的问题。这里我们分析群众对奖扶制度的信任度，主要从两个方面进行：一是群众对政策本身的信任情况；二是群众对政策运行过程的信任情况。

1. 群众对政策本身的信任情况。奖扶制度实施之初的各种宣传强调，奖励扶助制度是一项长期执行的政策。但群众是否相信政策会长期执行，调查表明，

68.8%的调查对象相信政策会长期执行，但也有 1/3 的人对政策的长期性表示怀疑。奖扶对象对政策本身的信任度（79.7%）明显高于非奖扶对象（67.6%）。

2. 群众对政策运行过程的信任情况。为了了解群众对奖扶制度运行的信任程度，我们在问卷中设计了这样几个问题：您是否担心会有人钻空子，不符合条件的人受益；您是否担心因为与干部关系不好，符合条件的人不能受益；您是否担心专项经费被人贪污挪用。每一个问题设计了三个选项（担心、不担心和无所谓）。调查表明，大多数的调查对象对政策的运行表示信任，对上述三个问题回答不担心的在 70%左右。但也有少部分人流露出担心：担心有人钻空子，不符合条件的人受益的接近 1/4，担心因为与干部关系不好，符合条件的人不能受益和专项经费被人贪污挪用的分别为 18.3%和 22.3%。实际上，在调查中我们发现，对奖扶制度及其运行过程比较熟悉的群众往往对制度的信任度高，他们中的很多人十分肯定地回答那不用担心，政策都是公开的，哪些人有条件得到奖扶金大家心里有数，不可能玩假（舞弊）。而对政策的运行不信任或不关注（回答无所谓）的人，往往是对政策的认知程度低的人。

二、结论与讨论

（一）主要结论

1. 奖扶制度受到绝大多数干部群众的称赞，政策的群众基础好。问卷调查显示，95%的调查对象赞成奖扶制度，而不赞成的只占 0.17%。在访谈中，各级相关管理人员和执行人员也对奖扶制度大加称赞，称此为德政、善举，并寄予厚望。如此广泛的社会赞同，一方面说明奖扶制度本身代表了人们的心声，顺应了民意。同时也说明，试点是成功的，政策的运行是规范的和有效的。当然，部分群众对政策规定的奖扶对象的资格标准和奖励的金额标准提出了异议。

2. 政策的宣传工作收到较好的效果，群众对政策的知晓率较高。约 90%的群众了解或听说过奖扶制度，只有约 10%的群众对这项制度一无所知。政策的知晓率高，既是计生工作者大力宣传的结果，也表明广大群众对这项政策的关注。群众关心政策、了解政策至少有两个方面的积极作用：一是可以避免暗箱操作，有利于政策公正有效地实施；二是有利于政策的计划生育导向作用的发挥。但是，约 1/3 的调查对象对奖扶制度的具体内容不清楚，一些在地方企业工作的中青年对奖扶制度的知晓率不高，这些问题应引起重视。

3. 绝大多数政策受益人对奖扶对象的确认程序和奖扶金的领取感到满意。90%以上的政策受益人对奖扶对象的确认程序表示满意，95%的受益人认为领取奖扶金方便。但政策的运行还有改进的空间，特别是桐梓县，近10%的奖扶对象感到领取奖扶金不方便，尽管这与当地的地理环境和交通状况有关，但对此也应采取相应的措施。

4. 政策的群众监督比较有力。一方面，政策的透明度使得政策置于大众的监督之下；另一方面，政策的运行本身，特别是关于奖扶对象的认定过程中，各地要求有群众评议、村民代表大会审议、最终结果"三见面"（与本人见面、与旁证人见面、与同龄人见面）等，难怪在调查中许多村民向我们坦言，他们不担心政策运行过程中会有舞弊情况。

5. 政策效果的社会认同较高。本次调查考察了奖扶制度在三个方面的效果，即对改善老年人晚年生活的作用、对改变人们生育观念方面的作用和对改善干群关系的作用，群众对奖扶制度在这三个方面的作用都有很高的认同，约2/3~3/4的调查对象认为奖扶制度在上述方面"有很大作用"或"有一定作用"。在访谈中计生干部也对奖扶制度的社会效果给予了较高的评价。

6. 群众对政策有较高的信任度。近70%的调查对象相信奖扶制度会长期执行。70%的人相信奖扶资金不会被贪污挪用；超过65%的人相信不会有"人情类奖扶对象"出现；近75%的人相信不会出现"报复性排斥"符合条件者。即大多数群众相信奖扶制度会按规章操作。

（二）讨论与建议

1. 关于奖扶制度的金额标准和年龄标准。尽管问卷反映，55.2%的人认同政策规定的金额标准，68.2%的人认同政策规定的年龄标准，但在调查中我们能感受到，有相当一些即使回答合适的人，他们也实际流露出奖扶的金额标准偏低和年龄偏高的意思。在问及对奖励扶助养老政策改进的建议时，有些认为合适的人也建议金额标准再提高一些更好。对于奖励的年龄标准，部分人希望奖扶对象的年龄界限得到降低。由于条件恶劣，五六十岁的农村人身体状况普遍变差，有的已经不能下地干活，尤其是妇女。能不能像城里人退休那样规定，男的六十，女的五十五就可以享受养老保障？许多计生干部也认为，奖扶金的标准偏低，不利于发挥计划生育政策的导向作用。我们认为，目前维持现有的政策规定比较合适。因为年龄标准的降低和奖扶金标准的提高意味着财政支出的大幅度增加。考虑到未来15年~20年符合条件的受益人将增加10倍甚至更多，① 要考虑各级财政的支付能力。当然，

---

① 郭震威，郭志刚，王广州. 2003~2050年农村实行计划生育的老年夫妇人数变动预测[J]. 人口研究，2005（2）.

从长远看，奖扶的金额标准也要考虑未来物价水平的变化和人民生活水平的提高，在适当时候进行调整。

2. 关于奖扶对象的资格规定。这里主要讨论三个问题：

一是关于农业户口的界定。调查中我们发现，各地在奖扶对象确认过程中，对农业户口的认定感到为难，如对具有非农业户口但实际居住农村并从事农业生产的家庭如何处理？对因城镇扩张，土地征用，村子住户整体农转非，但长期以来生育政策执行农村条款的对象如何处理？特别是户籍制度的改革已是大势所趋，如湖北已建立城乡统一的户口登记管理制度，取消了农业户口、非农业户口性质以及地方城镇户口、蓝印户口、自理口粮户口、农场商品粮户口等各种户口类型，统一登记为湖北居民户口。建议将原方案本人及配偶均为农业户口或界定为农村居民户口改为农村居民，而对农村的界定依据小区的综合特征而定。

二是再婚家庭。各地在执行方案时对再婚家庭的处理是将再婚夫妇各自生育小孩数合并计算，即使再婚前男女双方各生育一个子女，且办理了独生子女父母光荣证，再婚后也没有发生违法生育行为，也不能享受奖扶养老。这无论从计划生育角度上看还是从情理上说，都有失公正，许多群众对这个问题不理解，甚至不少人为此上访，许多基层计划生育干部也感到工作难做。建议对相关规定做一些修改，再婚夫妻已经领取了独生子女父母光荣证，且再婚后并没有发生违法生育行为的，纳入奖扶范围。

三是收养子女问题。在我们调查的四个地点中，除了邳州市，其余的三个县市都规定，收养子女的家庭，如果本人自己没有生育史，不能享受奖励扶助待遇。实际上这涉及相当一部分群众。在河南孟州市的调查中我们得知，收养一个孩子未曾生育的家庭就有800多个。群众对奖扶制度的相关规定意见较大。没有生育史而合法收养一个小孩的夫妇不在奖扶范围会带来如下问题：过去按照这些地区的计划生育条例规定，通过合法渠道收养子女后不再生育，且办理独生子女证的夫妻，享受独生子女父母待遇。现在奖扶制度的规定明显与计生政策不一致。更重要的是，很多收养孩子的夫妇是在孩子很小的时候就收养了，父母将收养事实一直对孩子甚至对邻里隐瞒。奖扶制度实施后，这些收养孩子的独生子女夫妇有些不申报，担心会引起孩子或其他人的猜疑；一些人申报了，最后被计生部门追根究底，不仅没有享受到奖励扶助，反而暴露了十几年甚至几十年的家庭隐私，结果给这部分家庭带来了巨大的精神压力。一些计生干部也认为自己这样做不道德，但规定是这样的，他们也无能为力。建议修改相关规定，将合法收养子女视同亲生子女，纳入奖扶范围。

3. 关于奖扶对象的确认。为了保证万无一失，奖扶制度的实施过程中，对奖扶对象的资格审查真正是严之又严：三级（村、乡镇、县市）审议、三级公示、三级建档。仅在村一级就需要邻里证明、村计生协和理事会审议、村民代表大会审议等程序。这样确实能够保证质量，但它却是以较高的行政成本为代价的。一项政策实施情况如何，既要看政策的效益（即社会效果如何），又要看效率（即控制成本）。但在本次调查中，我们发现，四个调查点没有将奖扶制度的执行成本单列，而是与计生部门常规工作的行政费用混在一起，因此，我们无法考察奖扶制度的实施效率。但据其他省市有地方反映，奖扶制度的行政成本很高，甚至占到了奖励扶助金额的30%~40%。① 建议在奖扶对象的确认过程中适当简化程序，可考虑在村一级只需有小组群众会评议结果就可以上报，两级公示（村级初选结果公示和县市级审批最终结果公示），一级建档（只在县市建档）。在政策的宣传上也要讲究效率，少搞大而空的形式，多搞投入少，效果好的宣传。如果能在政策执行过程中降低成本，将节省的经费用于扩大奖励对象，将是更加有意义的。

4. 关于奖扶制度的持续性。在调查中，各地有关奖励扶助制度是一项长期执行的政策。但我们发现，一些群众相信政策会长期执行，但也有近1/3的人对政策的长期性表示怀疑，显示群众对政策的长期性仍心存疑虑。事实上，从政策学理论看，任何政策都不是长期不变的，政策变化是正常的，也是必要的。奖扶制度能否持续下去，要考虑两方面的因素：一是政府是否有保障政策实施连续性的财政能力；二是政策激励导向的持续性问题。就前者而言，我们应该对未来奖扶对象规模的变动和财政能力进行测算。根据国家人口计生委的测算，奖励扶助制度如果在全国推广开，在奖励扶助标准不变的情况下，全国的奖励扶助对象峰值年为2021年，奖扶对象为1168万人；另有学者预测，2020年全国目标人数1327万，2035年4160万。② 按现在的奖扶金额标准不变，在2035年需资金24916亿（如果按115%的年通货膨胀率算为36412亿），财政完全有能力承受奖励扶助金的支出。但从政策的激励导向看，政策的持续性值得考虑。我国当前的人口政策是稳定低生育率，因此，政策的激励导向是引导农民的生育意愿从多生转变到少生。再过20年或30年，我国的人口发展情况如何？人们的生育观念怎样？奖励少生是否仍有必

---

① 乔伟. 关于落实奖励扶助政策的几点思考 [J/OL]. http：//www.fcxjsw.gov.cn/neirong.asp? f01 = 1027. 2005-12-29.

② 郭震威，郭志刚，王广州. 2003~2050年农村实行计划生育的老年夫妇人数变动预测 [J]. 人口研究，2005（2）.

要？则另当别论。如果十几年或几十年后我国的计划生育进行了调整，对生育行为不再有政策的限制，到那时，奖扶制度作为鼓励少生的生育导向作用就没有存在的社会基础，制度也就应该调整或终止。因此，严格地说，奖扶制度不会是一项长期执行的政策。从制度的发展前景考虑，笔者认为，选择性的扶助养老应该分阶段逐步过渡到普惠性的养老保障。

第二章　普惠型公共政策主要内容及实施效果分析

第一节　新世纪以来普惠型公共政策发展

2004年召开的中共十六届四中全会发布了中共中央关于加强党的执政能力建设的决定，其中明确提出了构建社会主义和谐社会的重大战略任务。2005年2月，胡锦涛总书记在省部级主要领导干部提高构建社会主义和谐社会能力专题研讨班上提出了构建和谐社会的六个目标：民主法治、公平正义、诚信友爱、充满活力、安定有序、人与自然和谐相处。近年来，国家采取的一系列惠民政策，正是为了实现这些目标。① 这些政策的主旨可用授利于民、造福于民、方便于民来概括，分别覆盖了农民增收、改善公共服务和社会管理等方面，实实在在惠及了城乡千家万户。杨文庄、苏扬（2005年）将十五以来我国制定实施的，主要面向农村惠民政策的部分分为促进农民增收政策、改善公共服务政策和社会管理便民政策三大类②。

十六大以来，我国惠农政策经历了以税费改革减轻负担为核心、以调整稳定政策为核心、以统筹城乡改善民生为核心的发展变化过程。国家惠农政策承载着改善民生和促进经济发展的双重功能。从我国惠农政策出台的顺序、时机来考察政策的安排逻辑，国家惠农政策出台的主旨依次是：减负、增收、增长、保障。一是减负惠农政策，2002年以前的惠农政策基本都属于减负型的。二是增收型惠农政策，2002年以后的惠农政策有相当大一部分属于增收型。三是增长型惠农政策，2008年在国际金融危机的影响下，为了扩大内需促进经济增长，国家出台了不少增长型惠农政策。四是保障型惠农政策，2005年后国家开始关注农村社会问题，保障政策受到重视。近几年我国惠农政策主题的变化显示其纵向安排遵循的逻辑是：从经济转向社会、从民生转向民心、从应急转向基础。

---

① 凡华农. 我国惠农政策的成效评价研究——基于公共品供给效率视角［D］. 华中师大硕士论文，2012：16-17.

② 杨文庄，苏扬，包风云，杨蕊. 构建和谐社会中的政策协调问题——以计划生育为例［J］. 人口研究，2007（5）.

第一节 新世纪以来普惠型公共政策发展

表2-1 新世纪以来我国主要的普惠公共政策一览表

	主要内容	覆盖范围、享受条件及申报程序	出资方
农民增收政策	实施"三减免、三补贴"(减免农业税、取消除烟叶以外的农业特产税、全部免征牧业税,对种粮农民实行直接补贴、对部分地区农民实行良种补贴和农机具购置补贴)取消农业税	针对全体农民,享受条件上无限制,补偿金以土地面积为标准发放	良种补贴和农机具购置补贴资金以中央财政为主,地方财政分担农业税减免后地方财政的不足由中央财政转移支付弥补
	提高小麦、水稻最低收购价	针对全体种粮农民,无其他限制条件	国家财政农业储备金
	产粮(产油、生猪)大县奖励	全体产粮(产油、生猪)大县	
	测土配方施肥补助政策	全国范围	各级财政分担
	支持农产品追溯体系建设	种植、畜牧、水产和农垦等行业	国家财政
	阳光工程(2004年起,组织落实农村劳动力转移培训阳光工程(简称阳光工程),对务农农民免费开展专项技术培训、职业技能培训和系统培训)	针对全体农民	各级财政与农业部门
	完善农村土地承包制度、改革农村产权制度		中央财政
	农产品产地初加工支持	农产品产地农户和农民专业合作社	中央财政
	扶持家庭农场发展	以农民家庭成员为主要劳动力,以农业经营收入为主要收入来源的家庭农场	
	农业标准化生产支持	全国范围内,依托"三园两场"、"三品一标"集中度高的县(区)创建农业标准化示范县44个	2006年开始,中央财政每年安排2500万财政补助资金补助农业标准化实施示范工作,2014年,中央财政继续安排2340万财政资金补助农业标准化实施示范工作
	农业防灾减灾稳产增产关键技术补助	粮食主产省实现小麦"一喷三防"全覆盖 西北实施地膜覆盖等旱作农业技术补助 东北秋粮和南方水稻实行综合施肥促早熟补助 南方高温干旱和洪涝灾害安排了恢复农业生产补助	中央财政
	生鲜农产品流通环节税费减免	鲜活农产品生产者	国家财政为主,地方财政分担

续表

	主要内容	覆盖范围、享受条件及申报程序	出资方
教育优惠政策	建立健全资助家庭经济困难学生就学制度，即贫困生"两免一补"（免学杂费、免书本费、补助寄宿生生活费）制度，非贫困生"一免一补"（免书本费、补助寄宿生生活费）	所有义务教育阶段贫困学生均能享有"两免一补"制度，非贫困学生"一免一补"	国家财政为义务教育贫困家庭学生提供免费教科书，地方财政支付学生学杂费和寄宿生的住宿费
	普通全日制高校学费减免政策	所有被全日制高等院校和中等职业学院录取的贫困家庭学生	国家财政补贴，学校要按照国家有关规定从事业收入中足额提取一定比例的经费，用于学费减免、国家助学贷款风险补偿、勤工助学、校内无息借款、校内奖助学金和特殊困难补助等
	中等职业学校农村家庭经济困难学生政策		
	涉农专业学生免学费政策		
	普通高等院校学生学费奖励补助	所有被全日制高等院校录取的学生	
	独生女高考加分，少数民族学生中高考加分政策，中西部地区考生的高考跨区加分录取政策	所有符合条件的考生在中高考录取过程中自动享受	略
生活保障政策	新型农村合作医疗政策	原则是"全民普及"，由政府组织、引导、支持、农民自愿参加，个人、集体和政府多方筹资，以大病统筹为主的农民医疗互助共济制度，农民以家庭为单位自愿参加	2003~2005年，中央、地方财政各按10元/人/年出资补助"参合"农民，2006年起中央财政对中西部地区市辖区以外"参合"农民补助提高到20元，地方财政也根据财力的不同有高低不等的补助
	农村最低生活保障政策	原则是"应保尽保"，唯一条件是农户家庭人均收入低于当地农村低保标准。程序是"个人申请——村委会评议——乡镇审核——县级民政部门审批"	市、县财政分担，省财政给予适当补助
	新型农村社会养老保险制度	原则是"全民普及"，由政府组织、引导、支持、农民自愿参加，个人、集体和政府多方筹资	社会统筹与个人账户相结合的基本模式和个人缴费、集体补助、政府补贴相结合

续表

	主要内容	覆盖范围、享受条件及申报程序	出资方
社会管理政策	新婚当事人取消强制婚检	全部新婚当事人凭身份证直接登记结婚	略
	放宽入户审核	新生婴儿凭医学出生证明登记入户	略

(一) 农民增收政策

"三农问题"一直是我国政府和社会各界人士所关注的重大民生问题之一，尤其是进入新世纪以来，党中央、国务院对新时代、新形势下的"三农"工作的认知有了新的思路，提出了"多予、少取、放活"的基本政策方针。目前我国已经制定和推广实施的农民增收政策可基本分为四种类型：农业补贴政策、财政转移支付政策、公共服务供给政策和农业税费减免政策。①

1. 农业补贴政策

种粮直补政策。由于当前时代背景下，农业工业化和农村城镇化已然成为我国农村发展的必然趋势，我国农村地区直接受到市场环境与生活资源等多方面的冲击与限制，而农业产业自身的生产效率和利润水平相对滞后于第二、三产业，无法给农民带来较为稳定收入，保障农村人口的基本生活需求，从而导致我国农村务农人数逐年减少。因此，我国在2000年提出农业种粮直接补偿的政策构想，并在2001—2003年先后在安徽、吉林、湖南、湖北、河南、辽宁、内蒙古、江西、河北等13个粮食主产区进行粮食直接补贴的改革试点工作。在2004年中共中央发布的政府一号文件②中明确提出在我国全面实施种粮直补政策，文件要求政府财政从粮食风险基金中安排不少于100亿元的资金，专门用于对主产区种粮农民的补贴，补贴资金原则上要求直接发放给从事粮食生产的农民，不得中途截留，具体方式由各省级人民政府根据实际情况确定。截至2014年1月份，中央财政已向各省（区、市）预拨2014年种粮直补资金151亿元。

2. 农资综合补贴政策

2009年我国政府为进一步保障农民利益，稳定农民收入，保证我国农民从事农业劳动的积极性并促进我国农业产业的健康发展，颁布了农资综合补贴政策，对

---

① 以下分别列举了部分具有代表性的农民增收政策，并未包含所有此类政策，特此说明。
② 详见中共中央、国务院《关于促进农民增加收入若干政策的意见》，2004年2月。

从事农业生产的农民购买农业生产资料（如化肥、柴油、种子等）按照一定比例进行直接补贴。2014年，中央财政将农资补贴资金实行动态调整制度，根据化肥、柴油等农资价格变动，遵循"价补统筹、动态调整、只增不减"的原则及时安排和增加补贴资金，合理弥补种粮农民增加的农业生产资料成本。2014年1月底，中央财政已向各省（区、市）预拨2014年种农资综合补贴资金共1071亿元。

3. 良种补贴政策

2014年，农作物良种补贴政策对水稻、小麦、玉米、棉花、东北和内蒙古的大豆、长江流域10个省（市）和河南信阳、陕西汉中和安康地区的冬油菜、藏区青稞实行全覆盖，并对马铃薯和花生在主产区开展试点。小麦、玉米、大豆、油菜、青稞每亩补贴10元。其中，新疆地区的小麦良种补贴15元；水稻、棉花每亩补贴15元；马铃薯一、二级种薯每亩补贴100元；花生良种繁育每亩补贴50元、大田生产每亩补贴10元。水稻、玉米、油菜补贴采取现金直接补贴方式，小麦、大豆、棉花可采取现金直接补贴或差价购种补贴方式，具体由各省（区、市）按照简单便民的原则自行确定。

4. 畜牧良种补贴政策

从2005年开始，国家实施畜牧良种补贴政策。2013年投入畜牧良种补贴资金12亿元，主要用于对项目省养殖场（户）购买优质种猪（牛）精液或者种公羊、牦牛种公牛给予价格补贴。生猪良种补贴标准为每头能繁母猪40元；奶牛良种补贴标准为荷斯坦牛、娟姗牛、奶水牛每头能繁母牛30元，其他品种每头能繁母牛20元；肉牛良种补贴标准为每头能繁母牛10元；羊良种补贴标准为每只种公羊800元；牦牛种公牛补贴标准为每头种公牛2000元。2014年国家继续实施畜牧良种补贴政策。

5. 动物防疫补贴政策

我国目前仍在实施的动物防疫补助政策主要包括以下4个方面：一是重大动物疫病强制免疫补助政策，国家对高致病性禽流感、口蹄疫、高致病性猪蓝耳病、猪瘟、小反刍兽疫（限西藏、新疆和新疆生产建设兵团）等重大动物疫病实行强制免疫政策；强制免疫疫苗由省级政府组织招标采购，兽医部门逐级免费发放给养殖场（户）；疫苗经费由中央财政和地方财政共同按比例分担，养殖场（户）无需支付强制免疫疫苗费用。二是畜禽疫病扑杀补助政策，国家对高致病性禽流感、口蹄疫、高致病性猪蓝耳病、小反刍兽疫发病动物及同群动物、结核病阳性奶牛实施强制扑杀；对因重大动物疫病扑杀畜禽给养殖者造成的损失予以补助，补助经费由中央财政和地方财政共同承担。三是基层动物防疫工作补助政策，补助经费主要用于对村级防疫员承担的为畜禽实施强制免疫等基层动物防疫工作经费的劳务补助，2013年中央财政投入7.8亿元补助经费。四是养殖环节病死猪无害化处理补助政策，国家对年出栏生猪50头以上，对养殖环节病死猪进行无害化处理的生猪规模化养殖场（小区），给予每头80元的无害化处理费用补助，补助经费由中央和地方财政共同承担。2014年，中央财政继续实施动物防疫补助政策。

6. 草原生态保护补助奖励政策

为加强草原生态保护，保障牛羊肉等特色畜产品供给，促进牧民增收，从2011年起，国家在内蒙古、新疆、西藏、青海、四川、甘肃、宁夏和云南等8个主要草原牧区省（区）和新疆生产建设兵团，全面建立草原生态保护补助奖励机制。内容主要包括：实施禁牧补助，对生存环境非常恶劣、草场严重退化、不宜放牧的草原，实行禁牧封育，中央财政按照每亩每年6元的测算标准对牧民给予补助，初步确定5年为一个补助周期；实施草畜平衡奖励，对禁牧区域以外的可利用草原，在核定合理载畜量的基础上，中央财政对未超载的牧民按照每亩每年1.5元的测算标准给予草畜平衡奖励；给予牧民生产性补贴，包括畜牧良种补贴、牧草良种补贴（每年每亩10元）和每户牧民每年500元的生产资料综合补贴。2012年，草原生态保护补助奖励政策实施范围扩大到山西、河北、黑龙江、辽宁、吉林等5省和黑龙江农垦总局的牧区半牧区县，全国13省（区）所有牧区半牧区县全部纳入政策实施范围内。2013年，国家继续在13个省（区）实施草原生态保护补助奖励政策，中央财政投入补奖资金159.46亿元。2014年，国家继续在13省（区）实施草原生态保护补助奖励政策。

（二）财政转移支付政策

1. 提高小麦、水稻最低收购价政策

为保护农民种粮积极性，促进粮食生产发展，我国在粮食主产区实行最低收购价政策，并根据当年农业物资市场价格逐年调整，保证粮食最低收购价水平。以2014年为例，生产的小麦（三等）最低收购价提高到每50公斤118元，比2013年提高6元，提价幅度为5.4%；2014年生产的早籼稻（三等，下同）、中晚籼稻和粳稻最低收购价格分别提高到每50公斤135元、138元和155元，比2013年分别提高3元、3元和5元，提价幅度分别为2.3%、2.2%和3.3%。并且，针对玉米、油菜籽、食糖等物资实行临时收储政策。

2. 产粮（油）大县奖励政策

为改善产粮大县财力状况，调动地方政府重农抓粮的积极性，2005年中央财政出台了产粮大县奖励政策。2013年，中央财政安排产粮（油）大县奖励资金

320亿元，具体奖励办法是依据近年全国各县级行政单位粮食生产情况，测算奖励到县。对常规产粮大县，主要依据2006-2010年五年平均粮食产量大于4亿斤，且商品量（扣除口粮、饲料粮、种子用粮测算）大于1000万斤来确定；对虽未达到上述标准，但在主产区产量或商品量列前15位，非主产区列前5位的县也可纳入奖励；上述两项标准外，每个省份还可以确定1个生产潜力大、对地区粮食安全贡献突出的县纳入奖励范围。在常规产粮大县奖励基础上，中央财政对2006-2010年五年平均粮食产量或商品量分别列全国前100名的产粮大县，作为超级产粮大县给予重点奖励。奖励资金继续采用因素法分配，粮食商品量、产量和播种面积权重分别为60%、20%、20%，常规产粮大县奖励资金与省级财力状况挂钩，不同地区采用不同的奖励系数，产粮大县奖励资金由中央财政测算分配到县，常规产粮大县奖励标准为500-8000万元，奖励资金作为一般性转移支付，由县级人民政府统筹使用，超级产粮大县奖励资金用于扶持粮食生产和产业发展。在奖励产粮大县的同时，中央财政对13个粮食主产区的前5位超级产粮大省给予重点奖励，其余给予适当奖励，奖励资金由省级财政用于支持本省粮食生产和产业发展。

产油大县奖励由省级人民政府按照"突出重点品种、奖励重点县（市）"的原则确定，中央财政根据2008-2010年分省分品种油料（含油料作物、大豆、棉籽、油茶籽）产量及折油脂比率，测算各省（区、市）三年平均油脂产量，作为奖励因素；油菜籽增加奖励系数20%，大豆已纳入产粮大县奖励的继续予以奖励；入围县享受奖励资金不得低于100万元，奖励资金全部用于扶持油料生产和产业发展。

3. 生猪大县奖励政策

为调动地方政府发展生猪养殖积极性，2013年中央财政安排奖励资金35亿元，专项用于发展生猪生产，具体包括规模化生猪养殖户（场）圈舍改造、良种引进、粪污处理的支出，以及保险保费补助、贷款贴息、防疫服务费用支出等。奖励资金按照"引导生产、多调多奖、直拨到县、专项使用"的原则，依据生猪调出量、出栏量和存栏量权重分别为50%、25%、25%进行测算。

4. 农产品目标价格政策

我国坚持市场定价原则，探索推进农产品价格形成机制与政府补贴脱钩的改革，逐步建立农产品目标价格制度，在市场价格过高时补贴低收入消费者，在市场价格低于目标价格时按差价补贴生产者，切实保证农民收益。2014年，启动东北和内蒙古大豆、新疆棉花目标价格补贴试点，探索粮食、生猪等农产品目标价格保险试点，开展粮食生产规模经营主体营销贷款试点。

5. 畜牧标准化规模养殖扶持政策

从 2007 年开始，中央财政每年安排 25 亿元在全国范围内支持生猪标准化规模养殖场（小区）建设；2008 年中央财政安排 2 亿元资金支持奶牛标准化规模养殖小区（场）建设，2009 年开始中央资金增加到 5 亿元，2013 年中央资金增至 10.06 亿元；2012 年中央财政新增 1 亿元支持内蒙古、四川、西藏、甘肃、青海、宁夏、新疆以及新疆生产建设兵团肉牛肉羊标准化规模养殖场（小区）开展标准化改扩建。支持资金主要用于养殖场（小区）水电路改造、粪污处理、防疫、挤奶、质量检测等配套设施建设等。2014 年国家继续支持畜禽标准化规模养殖。

（三）公共服务供给政策

1. 测土配方施肥补助政策

2010 年中央一号文件出台，提出了系列强农惠农政策，其中便包括测土配方施肥补助政策，政策提出要大力建设高标准农田，重视耕地质量建设，安排中期和长期政策性贷款，以支持农业灌溉、土地复垦、土壤改良，打造高标准农田。2014 年，中央财政安排测土配方施肥专项资金 7 亿元，以配方肥推广和施肥方式转变为重点，继续补充完善取土化验、田间试验示范等基础工作，开展测土配方施肥手机信息服务试点和新型经营主体示范，创新农企合作强化测土配方施肥整建制推进，扩大配方施肥到田覆盖范围。农作物测土配方施肥技术推广面积达到 14 亿亩；粮食作物配方施肥面积达到 7 亿亩以上；免费为 1.9 亿农户提供测土配方施肥指导服务，力争实现示范区亩均节本增效 30 元以上。

2. 育繁推一体化种子企业支持政策

2012 年，国家农业部会同有关部委共同推进育繁推一体化企业做大做强政策。一是强化项目支持。通过种子工程等项目，支持育繁推一体化企业建设育种创新基地。推动新布局的国家和省部级工程技术研究中心、企业技术中心、重点实验室等产业化技术创新平台优先向符合条件的育繁推一体化种子企业倾斜。推动国家相关科研计划和专项加大对企业商业化育种的支持力度。发挥现代种业发展基金的引导作用，吸引社会、金融资本支持企业开展商业化育种。二是推动科技资源向企业流动。推动公益性科研院所和高等院校将国家拨款形成的育种材料、新品种和技术成果，申请品种权、专利等知识产权，鼓励作价到企业投资入股或上市交易。研究确定科研成果的机构和科研人员权益比例，并在部分科研院所和高等院校试点。支持科研院所和高等院校与企业开展合作研究及人才合作。深化科企合作，推进国家良种重大科研攻关，构建产学研协同创新机制，突破种质创新、品种选育等关键环节核心技术瓶颈。完善种业人才出国培养机制，支持企业建立院士工作站、博士后科研工作站。三是优化种业发展环境。深入开展打假护权专项行动，建立种子可追溯管理信息系统，保护农民和品种权人合法权益。加强种业基础性公益性研究，为企业商业化育种奠定基础。加快建立品种审定绿色通道，做好品种测试与品种审定的有机衔接。全面清理现有行政规定，打破地方封锁，推动形成全国统一开放、竞争有序的种业大市场。

3. 农产品追溯体系建设支持政策

近年来，农业部在种植、畜牧、水产和农垦等行业开展了农产品质量安全追溯试点，部分省、市也围绕地方追溯平台建设积极尝试，取得了一些经验和成效。经国家发改委批准，农产品质量安全追溯体系建设正式纳入《全国农产品质量安全检验检测体系建设规划（2011-2015年）》，总投资4985万元，专项用于国家农产品质量安全追溯管理信息平台建设和全国农产品质量安全追溯管理信息系统的统一开发。项目建设的主要目标是基本实现全国范围"三品一标"的蔬菜、水果、大米、猪肉、牛肉、鸡肉和淡水鱼等7类产品"责任主体有备案、生产过程有记录、主体责任可溯源、产品流向可追踪、监管信息可共享"。

4. 农业标准化生产支持政策

从2006年开始，中央财政每年安排2500万财政补助资金补助农业标准化实施示范工作。2014年，中央财政继续安排2340万财政资金补助农业标准化实施示范工作，在全国范围内，依托"三园两场"、"三品一标"集中度高的县（区）创建农业标准化示范县44个。补助资金主要用于示范品种生产技术规程等标准的集成转化和印发、标准的宣传和培训、核心示范区的建设、龙头企业和农民专业合作社生产档案记录的建立以及品牌培育等工作。

5. 农业防灾减灾稳产增产关键技术补助政策

2012年国家提出农业防灾减灾稳产增产关键技术良法补助政策，中央财政安排农业防灾减灾稳产增产关键技术补助60.5亿元，在主产省实现了小麦"一喷三防"全覆盖，在西北实施地膜覆盖等旱作农业技术补助，在东北秋粮和南方水稻实行综合施肥促早熟补助，针对南方高温干旱和洪涝灾害安排了恢复农业生产补助，大力推广农作物病虫害专业化统防统治，对于预防区域性自然灾害、及时挽回灾害损失发挥了重要作用。

6. 园艺作物标准园创建支持政策

2010年，我国政府开始推进园艺作物标准园创建工作，并已按照预算资金规模的70%拨付到地方，鼓励蔬菜、水果、茶叶标准园创建，推进标准园由"园"到"区"、由"产"到"销"拓展，在优势产区选择基础条件好、规模大的标准园，推进规模化经营、标准化生产、品牌化销售，提升创建水平。在支持新建标准园基础上，加强集中连片标准化生产示范区建设。在东北、西北、华北选择冬春蔬菜自给率低、人口多、产业基础好的城市，开展北方城市冬季设施蔬菜开发工程，制定设施建造标准和生产技术规范，促进设施标准提高、技术规范提高，推进设施蔬菜规范科学发展，提高北方城市冬季蔬菜的供给能力。同时加强宣传，充分发挥引导示范作用。

7. 农村改革试验区建设支持政策

党的十八届三中全会对全面深化农村改革做出了全面部署，2014年中央1号文件对进一步做好农村改革试验区工作提出了明确要求，农村改革试验区工作，将紧紧围绕贯彻落实中央的部署和要求，以启动农村改革试验区和试验项目、组织召开农村改革试验区工作交流会、完成改革试验项目中期评估三大工作为重点，充实试验内容，完善工作机制，加大试验项目组织实施力度，力争在体制机制创新上取得新突破，为新时期农村改革发展积累经验、探索路子。

8. 农产品产地初加工支持政策

2013年，中央财政安排5亿元转移支付资金，采取"先建后补"方式，按照不超过单个设施平均建设造价30%的标准实行全国统一定额补助，扶持农户和农民专业合作社建设马铃薯贮藏窖、果蔬贮藏库和烘干房等三大类19种规格的农产品产地初加工设施。实施区域为河北、内蒙古、辽宁、吉林、福建、河南、湖南、四川、云南、陕西、甘肃、宁夏、新疆等13个省（区）和新疆生产建设兵团的197个县（市、区、旗、团场）。2014年，继续组织实施农产品产地初加工补助项目。

9. 基层农技推广体系改革与示范县建设政策

2014年，中央财政安排基层农技推广体系改革与建设补助项目26亿元，基本覆盖全国农业县。主要用于支持项目县深化基层农技推广体系改革，完善以"包村联户"为主要形式的工作机制和"专家+农业技术人员+科技示范户+辐射带动户"的服务模式，培育科技示范户，实施农技推广服务特岗计划，开展农技人员知识更新培训，建立健全县乡村农业科技试验示范网络，全面推进农业科技进村入户。

10. 阳光工程政策

由于我国农村劳动力整体素质不高，缺乏转移就业的职业技能，在向非农产业转化时存在着技能壁垒，使得农村多余劳动力难以在城镇实现稳定就业，难以提升自身的从业岗位层次。因此，我国政府在2003年10月下发的《2003—2010年全国农民工培训规划》对农村劳动力转移培训工作做出了具体部署，以提升农村劳动力综合素质和生产经营技能为主要目标，以加快农村劳动力转移、促进农民增收为具体要求，全面推进城乡一体化的发展进程。我国农业部、财政部、劳动和社会保障部、教育部、科技部、建设部等多部委联动作，从2004年起，组织落实农村劳动力转移培训阳光工程（简称阳光工程），对务农农民免费开展专项技术培训、职业技能培训和系统培训。由各级农业主管部门组织实施，农广校、农技推广机构、农机校、农业职业院校及有条件的培训机构承担具体培训工作，依照城乡经济社会协调发展的要求，加快农村劳动力的科技文化素质与我国现代化发展水平相适应的过程，促进和谐社会的建设脚步。

11. 扶持家庭农场发展政策

家庭农场作为新型农业经营主体，以农民家庭成员为主要劳动力，以农业经营收入为主要收入来源，利用家庭承包土地或流转土地，从事规模化、集约化、商品化农业生产，已成为引领适度规模经营、发展现代农业的有生力量。2014年2月，农业部下发了《关于促进家庭农场发展的指导意见》，从工作指导、土地流转、落实支农惠农政策、强化社会化服务、人才支撑等方面提出了促进家庭农场发展的具体扶持措施。主要包括：建立家庭农场档案，开展示范家庭农场创建活动；引导和鼓励家庭农场通过多种方式稳定土地流转关系；推动落实涉农建设项目、财政补贴、税收优惠、信贷支持、抵押担保、农业保险、设施用地等相关政策，帮助解决家庭农场发展中遇到的困难和问题；支持有条件的家庭农场建设试验示范基地，担任农业科技示范户，参与实施农业技术推广项目；加大对家庭农场经营者的培训力度，鼓励中高等学校特别是农业职业院校毕业生、新型农民和农村实用人才、务工经商返乡人员等兴办家庭农场等。

12. 完善农村土地承包制度政策

完善农村土地承包经营制度，涉及亿万农民的切身利益，中共中央对此给予了高度重视，十八届三中全会、中央农村工作会议和2014年中共中央1号文件中都提出了明确要求。十八届三中全会报告中强调，"稳定农村土地承包关系并保持长久不变，在坚持和完善最严格的耕地保护制度前提下，赋予农民对承包地占有、使用、收益、流转及承包经营权抵押、担保权能，允许农民以承包经营权入股发展农业产业化经营。" 2013年，我国政府选择了105个县（市、区）扩大土地承包经营权确权登记颁证试点范围，围绕土地承包关系"长久不变"的具体形式进行了深入研究。对土地承包关系长久不变及土地经营权抵押、担保、入股等问题的研究，按照审慎、稳妥的原则，配合有关部门选择部分地区开展土地经营权抵押担保试点，研究提出具体规范意见，推动修订相关法律法规。

13. 发展多种形式适度规模经营政策

十八届三中全会提出：鼓励承包经营权在公开市场向专业大户、家庭农场、农民合作社、农业企业流转，发展多种形式的适度规模经营。2014年中央1号文件进一步强调，"鼓励有条件的农户流转承包土地的经营权，加快健全土地经营权流转市场，完善县乡村三级服务和管理网络。探索建立工商企业流转农业用地风险保障制度，严禁农用地非农化。有条件的地方，可对流转土地给予奖补。"

土地流转和适度规模经营必须从国情出发，要尊重农民意愿，因地制宜、循序渐进，不能搞大跃进，不能强制推动；要与城镇化进程和农村劳动力转移规模相适应，与农业科技进步和生产手段改进程度相适应，与农业社会化服务水平提高相适应；要坚持农村土地集体所有权，稳定农户承包权，放活土地经营权，以家庭承包经营为基础，推进家庭经营、集体经营、合作经营、企业经营等多种经营方式共同发展；要坚持规模适度，既注重提升土地经营规模，又防止土地过度集中，兼顾公平与效率，提高劳动生产率、土地产出率和资源利用率；要坚持市场在资源配置中起决定性作用和更好发挥政府作用，既促进土地资源有效利用，又确保流转有序规范，重点支持发展粮食规模化生产。

14. 农村产权制度改革政策

党的十八届三中全会报告中强调："赋予农民更多财产权利。保障农民集体经济组织成员权利，积极发展农民股份合作，赋予农民对集体资产股份占有、收益、有偿退出及抵押、担保、继承权。"2014年中央1号文件提出："推动农村集体产权股份合作制改革，保障农民集体经济组织成员权利，赋予农民对落实到户的集体资产股份占有、收益、有偿退出及抵押、担保、继承权，建立农村产权流转交易市场。"根据1号文件的要求，国家有关部门将深入研究新型集体经济组织主体地位、产权交易、股权的有偿退出和抵押、担保、继承等重大问题，研究提出深化改革的意见，明确改革的总体思路、目标任务、工作重点、关键环节，建立归属清晰、权能完整、流转顺畅、保护严格的农村集体产权制度，有效保障农民集体经济组织成员权利。

(四) 农业税费减免政策

1. 全面取消农业税

中华人民共和国第十届全国人民代表大会常务委员会第十九次会议于2005年12月29日通过了《全国人民代表大会常务委员会关于废止〈中华人民共和国农业税条例〉的决定》，决定内容为自2006年1月1日起，我国全面取消农业税，不再向从事农业生产、有农业收入的单位和个人征收该项税收。

2. 生鲜农产品流通环节税费减免政策

为促进物流业健康发展，切实减轻物流企业税收负担，免征蔬菜流通环节增值税。蔬菜是指可作副食的草本、木本植物，经挑选、清洗、切分、晾晒、包装、脱水、冷藏、冷冻等工序加工的蔬菜，属于蔬菜范围。各种蔬菜罐头，指蔬菜经处理、装罐、密封、杀菌或无菌包装而制成的食品，不属于所述蔬菜的范围。2013年1月11日下发的《国务院办公厅关于印发降低流通费用提高流通效率综合工作方案的通知》（国办发〔2013〕5号）要求，继续对鲜活农产品实施从生产到消费的全环节低税收政策，将免征蔬菜流通环节增值税政策扩大到部分鲜活肉蛋产品。

（五）生活保障政策

生活保障政策一直是我国政府工作与民生建设的核心，显著提高我国民众的生活水平是这一类政策的目标与政府工作的方向。生活保障政策一般是由各级财政部门出资，保障我国公民的生活水平与生存条件，基本涵盖了最低生活保障、公民卫生医疗、公民养老、公民就业培训与指导、公民家庭发展等方面，充分体现的是我国政府"以人为本"的执政理念与财政收入的公共性。①

1. 新型农村合作医疗政策

新型农村合作医疗是指由政府组织、引导和支持，农民自愿参加，个人、集体、政府等多方筹资，以大病统筹为主，为农民提供低费用的医疗保障服务的互助共济制度。参与新农合的农民以户为单位，个人缴费、各级政府按比例对参保人员进行资助，低保、五保和残疾人参保费用全部由政府负担。补助范围包括参合人员因病住院的医疗费用、大病医疗门诊费和急诊抢救产生的费用。各地医疗补助方案按照本地实际情况执行。到2010年，农村新型合作医疗基本实现了农村地区全覆盖。

2. 农村最低生活保障政策

农村社会生活保障包括"五保户"供养、灾民补助等社会救助制度。2007年党和国家在全国范围内的农村建立了以政府为主，实行属地管理，中央财政给予适当补助的社会保障机制，其保障的重点是丧失劳动能力、年老体弱、无经济来源等生活困难的农村居民，目的是解决农村中贫困人口的温饱问题。农村养老保险制度是与农村发展水平相适应和与其他保障相配套的又一保障农民生活的重要政策。这

---

① 生活保障政策涉及范围广，政策受众限制较多，因此本文列举部分全民覆盖的生活保障政策用以说明。

一政策有效地体现了我国鼓励有条件的地方探索建立农村最低生活保障制度。

3. 新型农村社会养老保险制度

新型农村社会养老保险制度采取社会统筹与个人账户相结合的基本模式和个人缴费、集体补助、政府补贴相结合的筹资方式。年满16周岁、不是在校学生、未参加城镇职工基本养老保险的农村居民均可参加新型农村社会养老保险。满60周岁以上的农村居民个人不再缴费，直接享受中央财政补助的基础养老金。

(六) 教育优惠政策

普惠型公共政策中教育优惠政策作为一种制度性规范，有着区别于教育立法层面的独特内涵，主要包含两个层面：首先是指国家对于教育事业的整体优惠，即教育领域外部的教育优惠。教育优惠是教育事业在国家发展中的优先地位，是教育关系的优先、教育活动的优先、受教育权的优先、人的发展优先。具体表现为，一方面，教育在国家的发展中具有优先发展的地位，国家在教育规划、教育投入等方面对教育的倾斜式优惠。另一方面，教育优惠政策可以使教育领域内部主体——学校、教师、学生等享受到较教育领域外部主体更为优惠的待遇，例如学校可以享受税收方面的优惠；教师可以享受住房、医疗等方面的优惠；学生可以享受到乘车、门票等方面的优惠等。其次，教育优惠政策可以对教育领域内某一部分特定的教育主体给予较一般同类教育主体优厚待遇的措施，例如国家或地方政策立法中规定的少数民族教育优惠、特殊教育优惠、女性学生优惠、优秀学生优惠、特长学生优惠等。

因此，我们可以将教育优惠政策理解为，国家或地方权力机关和行政机关制定或认可的，关于给予教育领域内部部分受教育者较其他受教育者更为优惠待遇的公共政策，主要可分为以下三类：

1. 学费优惠政策

学费优惠政策是我国教育优惠政策中的重要组成部分，主要针对的优惠对象为义务教育的学生和家庭贫困的高等院校学生，尤其是农村学生。其中最早可追溯到2001年开始实行的农村义务教育"两免一补"政策，由国家财政为义务教育贫困家庭学生提供免费教科书，地方财政支付学生学杂费和寄宿生的住宿费，从2006年开始我国便开始在全国范围内全面推广施行农村义务教育阶段"两免一补"（城市实行"一免一补"）政策。实行"两免一补"不但是我国九年义务教育基本国策的政策需求，保障适龄儿童能够公平接受义务教育的客观要求，也是公共财政的职责所在。

除此之外，其他学费优惠政策还包括普通全日制高校学费减免政策、中等职业学校农村家庭经济困难学生政策和涉农专业学生免学费政策等。

2. 升学优惠政策

在我国教育体制中，升学是每一位受教育者所必须经历的过程，也是公民义务教育之后教授教育与否和教授教育质量的关键因素，因此我国政府对我国公民的教育升学问题给予了相当的关注，并针对我国公共政策体系内其他热点问题与相应目标人群，制定了一系列升学优惠政策。

早在上个世纪便开始实施的少数民族中高考加分政策①、少数民族骨干计划等，便是典型代表。还有针对计划生育家庭的独女户中高考加分政策和针对中西部地区考生的高考跨区加分录取政策等。

3. 助学奖励政策

我国教育优惠政策体系内，除了学费免除政策外，还有针对普通高等院校学生的学费奖励补助政策，旨在鼓励有条件的学生积极接受更高等级教育，提升自己的综合素质，培养相应的职业技能，从而提高自己和家庭的生活水平，为国家和社会提供更加优质的劳动力资源。

2002年我国财政部和教育部联合宣布将设立国家奖学金，总规模为每年两亿元，并于当年9月1日进行首次评选，此后每年在普通本科高校、高等职业学校与普通高等学校全日制研究生中评选一次，旨在激励高校在校学生勤奋学习、努力进取，主动提升自我素质，得到全面发展。此外，我国政府为了体现我国教育体制的公平性，在2007年针对普通高等院校和职业院校贫困家庭学生提出了国家助学金政策②，帮助普通高等院校和职业院校的贫困学生完成学业。在同年还推行了由政府主导、财政贴息的助学贷款政策，专门帮助没有条件获得国家奖学金和国家助学金的高校贫困家庭学生解决学费问题，充分体现了我国政府对教育事业的关注与重视。

（七）社会管理政策

社会管理的便民措施，也是以人为本的重要体现。但这些措施在出台时存在这样的普遍问题：配套政策和管理环节替代措施尚未出台，为了便民，原有的政策就已取消，造成了原有兼顾各方面考虑的政策在某方面的管理失效。这类问题在我国屡见不鲜，前些年的取消收容政策就是一例。这些年来较突出的包括取消婚检、放

---

① 20世纪80年代出台了系列少数民族优惠政策，当前相关政策标准为少数民族考生中考加5分；高考加3分，考民族学院加20分。

② 详见《国务院关于建立健全普通本科高校、高等职业学校和中等职业学校家庭经济困难学生资助政策体系的意见》（国发〔2007〕13号）。

宽入户审核等，也给计划生育政策的实施带来较大冲击。

取消婚检：新的婚姻登记条例规定，当事人凭身份证即可办理结离婚登记，取消强制婚前检查；

放宽入户审核：各地出台的对户口登记条例的实施意见大多规定新生婴儿只凭出生医学证明入户，已不再需提供计生证明；医疗保健机构从2006年开始也已不再查验计生系统发放的生育服务证，且不将有关情况通报计生部门。

第二节　普惠型公共政策实施效果评估[①]

2009年，山东省高度重视人口计生利益导向政策体系建设，先后三次开展计划生育利益导向政策暨普惠政策与计划生育利益导向政策衔接调研，对当时山东省各项普惠政策进行梳理。发现有12项政策对计划生育家庭利益有直接影响，这些政策的实施给群众带来越来越多收益的同时，也对计划生育工作的发展带来一些不利影响。

这12项政策给普通群众带来了较好的收益，列举如下：

一是义务教育免费和各种补助、资助政策给群众带来的收益。据课题组调查计算，按照现行的政策，贫困家庭学生从小学到大学本科毕业最多可获得超过2.9万元的优惠补助，普通家庭最少可获得约4000元的优惠补助。这些政策降低了孩子的教育成本，非计划生育家庭获益更多。

二是惠农政策给群众带来的收益。农村种粮补贴、农资补贴、良种补贴、农机购买补贴、沼气建设补贴、"家电下乡"补贴以及扶贫开发等给农民带来的直接或间接收益，据山东省委农工办估算每年每人约90元。这些补贴、补助虽然不是直接按人口实行，但其依附的土地是按人口分配的，所以孩子多的家庭收益也多。

三是社会保障政策给群众带来的收益。新农合2009年财政每人补贴80元；城镇居民医疗保险人均补助最低40元，最高140元；城乡最低生活保障制度，使贫困家庭从政府获得不等的补助金；城市贫困家庭还可以购买政府补贴的经济适用房或享受廉价房补贴和优惠；农村养老保险实施，财政也要确定一定比例给予补贴或建立基础养老金账户。这些政策大都是直接或间接按人口实施。

[①] 本节根据山东省人口计生委提供材料整理。材料来源：人口与计划生育相关惠民政策座谈会交流材料，《积极推进普惠政策与计生政策衔接，健全完善人口计生利益导向机制》，2009。

四是移民搬迁安置及征地补偿安置给群众带来的收益。这两项政策大都按人口落实,家庭人口越多收益越大,特别是征地补偿数额较大,有的城郊村每人从征地补偿收益达十几万甚至数十万。另外,几十年来,农村集体经济组织采取按人分配模式,集体经济发达的村年人均分配水平很高,客观上造成家庭人口少收益少,家庭人口多获益多的现实。

这些政策的实施,基本没有与计划生育政策挂钩,存在与计划生育利益导向政策不同向的现象。在具体执行中,没有体现出对计划生育家庭的优惠,客观上造成违法多生育子女的家庭从中得到更多实惠,直接弱化了计划生育利益导向政策的激励作用,刺激了群众多生育子女的愿望,导致了生育反弹,特别是违法生育的反弹。随着社会事业的发展和各项民生政策的进一步完善,以人口为基础的惠民政策会越来越多,标准也会越来越高,如不采取措施,计划生育家庭的经济利益受到的影响会越来越突出,已经初步转变的群众婚育观念将会被强烈的生育愿望冲垮,稳定低生育水平将会面临更大的挑战。

第三章　农村计划生育利益导向政策与扶贫开发衔接研究

第一节　我国农村计划生育家庭贫困现状分析

自20世纪80年代开始，我国实行了计划生育工作，30年间少生了4亿多人，极大地缓解了社会压力，并加快了"人口红利"期的到来，为经济发展提供了充足的劳动力保障。这一切最直接的贡献者就是广大计生家庭，而如今他们的生活现状如何？广大专家学者对此做了大量的调查研究。杨云彦等研究发现独生子女群体面临着很多风险，特别是死亡伤残的风险，据有关资料显示，8%～9%的独生子女会在55岁以前因患病或非正常原因而死亡。有专家根据"五普"资料估计，在学龄前至婚龄期人群中，每年平均要死亡21万多人（人口研究编辑部2004），其中近一半是独生子女。① 陈友华、沈晖（2010）综合宏观和微观视角的研究，认为独生子女政策推行对脱贫致富不利，不仅导致了数以亿计的独生子女家庭出现，从而引发社会与家庭劳动力短缺与劳动力培养成本飙升，生存风险加大与亲属关系支持网络缩小等，还因大量违法生育而出现"因超生受处罚致贫"与"因超生受处罚返贫"现象，使部分妇女儿童健康受损。② 周德禄（2011）通过对山东农村的实地调查发现，相对于农村非独生子女户，农村独生子女户在家庭经济状况、子女经济供养、日常照料等方面存在明显弱势，独生子女户家庭相对较穷的比率比非独生子女户高出24.4%。独生子女政策效用具有明显的外部性，少生孩子的成本由独生子女家庭自己承担了，带来的社会效用却由全社会分享了。③ 李建民（2004）认

---

①　杨云彦等.人口转型期的计划生育利益导向机制建设［M］.武汉：武汉大学出版社，2013.

②　陈友华、沈晖.独生子女政策与脱贫致富［J］.江苏行政学院学报，2011（01）.

③　周德禄.农村独生子女家庭养老保障的弱势地位与对策研究——来自山东农村的调查［J］.人口学刊，2011（05）.

为由于计划生育家庭传统养老方式的人力基础已经被大大削弱，如果政府不能及时做出有效的应对，计划生育夫妇在老年时期陷入贫困的几率将会大大增加。在某种意义上，国家计划生育政策是对农民传统养老资源的一种制度性剥夺。① 徐俊、风笑天（2012）认为独生子女家庭并未因为少生而真正快富起来，恰恰相反，由于独生子女教育培养成本飙升、生存风险加大以及亲属关系支持网络缩小，在独生子女长大成人以后，独生子女家庭早期的优势不复存在，大多数独生子女家庭都或多或少存在养老资源短缺的风险，尤其在子女意外伤亡后父母的养老将面临重大的支持困境。② 张必春、江立华（2012）从失独家庭的角度出发，研究发现丧失独生子女的父母，他们大多工作停止、生活消沉、社会关系断裂，并出现健康问题；为此，他们要求政府进行物质扶助、精神慰藉，并强烈要求集中居住；但是在这一过程中诉求非但没有得到满足，反而陷入"三重困境"，即人际交往困境、群体融入困境、组织合法化困境。③

从上述专家学者的研究情况来看，计生家庭属于高风险家庭，这些陷入贫困的计生家庭究其原因学者们给出了自己的见解。社会风险理论认为，由于贫困人口应对风险的工具非常有限，这就使他们没有能力或者不愿意选择高风险、高回报的经济活动；不敢参与高收益的经济活动反过来使其收益更少，结果是他们不仅难以脱贫，其贫困程度甚至会进一步加深。吴正俊等（2008）通过对农村计生贫困家庭的调查，认为伤残、死亡和手术并发症等是导致计生家庭贫困的主要原因。④ 冯桥仙（2004）通过扬州市计生委对计划生育相关弱势群体的调查数据，分析认为经济收入不高、抗风险能力弱是计划生育家庭这一群体的典型特征，家庭成员患病或死亡，丧失劳动能力以及额外的医疗支出是导致家庭贫困甚至破产的直接根本原因。⑤ 胡芳肖（2012）运用logistic回归分析发现家庭主要劳动力数量对贫困发生概率有显著的负向影响，说明主要劳动力多的家庭可以减少贫困的发生概率。⑥ 张

---

① 李建民. 中国农村计划生育夫妇养老问题及其社会养老保障机制研究[J]. 中国人口科学，2004（3）.
② 徐俊、风笑天. 独生子女家庭养老责任与风险研究[J]. 人口与发展，2012（05）.
③ 张必春、江立华. 丧失独生子女父母的三重困境及其扶助机制——以湖北省8市调查为例[J]. 人口与经济，2012（05）.
④ 吴正俊、俞萍等. 农村计划生育贫困家庭状况调查分析[J]. 西北人口，2008（02）.
⑤ 冯桥仙. 计划生育相关弱势群体及其救助——以扬州市为例[D]. 华东师范大学，2004.
⑥ 胡芳肖、熊欣等. 基于Logistic回归的陕西农村家庭致贫因素分析[J]. 社会保障研究，2012（01）.

寒梅等（2009）基于重庆市的调查报告，研究发现在经济发展相对落后的部分农村地区，其家庭承担着更多的组织生产和赡养老人的社会经济职能，若要较好地实现这些职能，往往需要在代与代之间有良好的抚育和赡养机制，也需要同代人之间能有较多成员的团结协作，家庭人口规模过小，往往会影响家庭的抗风险能力，发展潜力受限，从而陷入贫困。① 李波平、何雄（2014）利用可持续生计的理念以及森的多维贫困理念，研究认为计划生育家庭之所以容易陷入贫困主要是因为自然资本的贫乏，人力资本的不强，社会资本的匮乏，经济资本的不足以及能力资本的贫困等五个方面原因。②

以上种种观点是基于微观个体层面的分析，对于宏观社会层面农村计生家庭容易陷入贫困的原因，杨云彦、李波平（2013）认为按人口补偿和分配的公共政策损害着计划生育家庭的利益，减少了计划生育家庭收入。一方面，计划生育家庭由于人口少，分配土地也少，在土地上的收益大大减少。此外，一些发展快的集体经济组织按人口分配住房和集体收益，使得非计划生育家庭比计划生育家庭获得的收益更多。另一方面，按人口补偿的征地补偿政策损害着计划生育家庭的利益。以往孩子多的家庭，反而获得了更多的补偿。③ 石智雷（2014）则通过建立家庭发展能力估计模型，实证研究发现严格的计划生育政策不仅仅导致家庭未来不确定性风险的增加，而且弱化了家庭通过储蓄、多样化收入等方式整合社会资源的能力。④ 因此，造成农村计划生育家庭易于贫困的原因主要归结为以下几点：疾病和养老问题；劳动力数量少、素质低以及经济能力低下；家庭规模小，抗风险能力低以及公共政策安排的不合理等。

我们应该清醒地认识到，我国的计划生育工作是在生产力发展水平不高、各种政策配套措施不健全的情况下开展的，特别是在农村地区，计划生育家庭中势必会有一部分家庭陷入贫困。计划生育家庭的贫困问题得不到解决，将严重阻碍计生政策的推行，贫困地区只会更加贫困。这需要我们不断完善计划生育利益导向政策，

---

① 张寒梅、吴永波．农村计划生育家庭可持续发展研究——基于重庆市的调查报告 [J]．重庆工商大学学报，2009（03）．

② 李波平、何雄．计划生育家庭贫困与能力损失分析——基于可持续生计理念与森的多维贫困理论 [J]．湖北行政学院学报，2014（04）．

③ 杨云彦、李波平．普惠型公共政策与计划生育利益导向政策的比较分析——基于湖北农村的调查 [J]．人口与经济，2013（04）．

④ 石智雷．计划生育政策对家庭发展能力的影响及其政策含义 [J]．公共管理学报，2014（04）．

健全各项保障制度，解决计生家庭的后顾之忧，并做好与扶贫开发工作的有效结合，才能实现计划生育家庭的可持续发展以及贫困地区社会经济的突破发展。

第二节 计划生育利益导向政策结合扶贫开发工作分析

改革开放以来，我国有计划、有组织地开展了大规模扶贫开发工作。《中国农村贫困检测报告2011》[①]的数据显示，随着扶贫开发的深入推进，我国贫困人口数量大幅减少。从1978年到2010年，按照世界银行的扶贫标准，我国共减少了6.6亿贫困人口，占全球脱贫人口数量的93.3%。我国扶贫标准也不断做出调整，从1986年的人均年收入206元，提高到2010年的1274元，再到2011年底的2300元，结合经济社会的发展让更多困难群众纳入扶贫范围。在新扶贫标准下，从2011年到2013年，我国农村贫困人口又减少了3989万人。尽管扶贫工作取得巨大成绩，但当前全国人均年收入低于2300元的人群还有8000多万人，按照世界银行标准则还有2亿多。随着扶贫工作的深入、扶贫标准的提高，我国扶贫工作已经进入更为艰难的阶段。我国2011年《人权蓝皮书》[②]公布目前我国农村人口规模大，返贫压力大，2009年3597万贫困人口中，62.3%是返贫人口，由此可见我国的贫困地区发展依然是现实存在的一大难题。因此，2011年国家加大了扶贫工作力度，力争为2020年全面实现小康社会提供坚实的保障。

人口一直是制约我国经济发展的关键因素，加之当前我国人口发展正处于转型阶段，要控制人口，特别是贫困地区的人口，提高人口质量，依靠单纯的计划生育已经难以达到目标。2003年提出计划生育利益导向政策之后，国家着手实行"三项制度"，即：2004年试点、2006年全面实施农村计划生育家庭奖励扶助制度，西部地区"少生快富"工程和2008年全面实施的计划生育家庭特别扶助制度，共同构成了计划生育家庭优先优惠政策体系的主体。特别是"少生快富"工程的实施，是计划生育与扶贫开发相结合的一项重大政策，如新疆伊犁哈萨克自治州，截至2010年，州直属县市"少生快富"工程项目户累计达48078户，项目家庭人均年增收615.9元，高于非项目家庭。近几年，我国政府提高了对贫困地区的扶助待遇，逐渐完善"三项制度"。此外，在全国范围内广泛开展"幸福工程"，帮助计划生育家庭的贫困母亲发展家庭经济，脱贫致富。为综合治理出生人口性别比偏高

---

① 中国农村贫困检测报告2011 [R]. 北京：中国统计出版社，2012.
② 中国人权事业发展报告 NO.1（2011）[R]. 北京：社会科学文献出版社，2011.

问题，实施了"关爱女孩行动"，建立了有利于女孩及其家庭的利益导向机制，转变生育观念。与此同时，各地区结合自身的特色不断进行机制创新，例如广西龙胜各族自治县坚持旅游开发扶贫与计生相结合，发挥旅游景点的辐射作用，建设旅游扶贫示范点，对景点周边计生家庭给予扶贫贷款，发展农家乐旅游。江西省万安县坚持产业发展与计生"绿色养老"政策相结合，由政府出资为农村计生纯女户免费赠送苗木，帮助计生家庭建立"绿色银行"，为其年老后积累"绿色财富"①。

虽然，当前贫困地区的计生利导政策与扶贫开发工作取得了一定的成效，但是形势仍旧十分严峻。"养儿防老"，"多子多福"等这样的传统观念在农村贫困地区仍旧难以消除；而且我国的贫困地区多是分布在自然条件恶劣，增收产业薄弱，文化习俗落后的地区，这些贫困群体出现"大进大出"的态势，返贫问题突出，一旦遇到自然灾害，市场风险和疾病等家庭病故就会出现返贫的现象（刘娟，2009）②。因此，各种现实的情况促使了贫困地区易出现"越穷越生，越生越穷"的局面，这样就给扶贫工作和计划生育工作带来了很大的难度，因此控制人口和解决贫困问题仍然是全面实现小康社会的工作重难点。计划生育利益导向政策与扶贫开发相结合在近二十年的摸索和实践过程中，虽然取得了一定的成绩，但也存在着很多不容忽视的问题，例如针对计生贫困家庭的惠民政策力度不大，尚处于低层次水平与政策碎片化状态，政策的实施也具有滞后性，且与当前普遍实施的"普惠"政策存在不兼容等，这些问题制约了计划生育与扶贫开发项目的进展，降低了计划生育与扶贫开发项目的成效。

一是补助标准太低，尤其是针对失独、残独等计划生育特殊家庭的补助。独生子女有伤残，家庭为了治疗，每年需要付高额的医疗费用，与此同时，父母为了照料子女而付出时间成本和失去升职等的机会成本，而残疾程度越严重，这两方面的成本也就越昂贵，对家庭经济影响也就越重。虽然目前国家已经探索出台了有关独生子女伤残死亡家庭的奖励扶助政策，但真正对于那些中年丧子的独生子女父母的经济帮助，可谓是杯水车薪（李波平、何雄，2014）。③ 农村失独家庭的补偿标准每人每月 170 元，残独家庭的补偿标准为 150 元，就大部分地区当前的消费水平来

---

① 广西壮族自治区龙胜各族自治县人民政府. 加强资源整合 创新扶贫机制 促进人口与经济社会的协调和可持续发展 [R]. 全国人口计生与扶贫开发相结合工作座谈会. 2011.
② 刘娟. 中国农村扶贫开发的沿革、经验与趋势 [J]. 理论学刊，2009（8）.
③ 李波平、何雄. 计划生育家庭贫困与能力损失分析——基于可持续生计理念与森的多维贫困理论 [J]. 湖北行政学院学报，2014（4）.

看，这根本解决不了多少问题。计生家庭响应国家政策号召为社会发展做出了贡献，理应享受到国家发展的福利，他们的现实情况却是经济状况恶化，生活困难。种种问题反映出当前我们对计生家庭的扶助补偿标准太低，弱化了政策的效果，没有帮助计生家庭脱贫致富，更无法起到利益导向的作用。

二是计划生育利益导向政策与扶贫开发政策部分规定太过笼统模糊，在实践中难以操作。首先，政策规定不具体。对计划生育家庭和贫困户的奖励优待多是原则性和象征性的规定。如在很多利导政策中都是使用优先优惠、适当奖励、酌情减免等笼统的弹性规定，没有明确的标准，在现实中无法具体去落实。其次，政策执行的主体不明确。有些利导政策和扶贫政策没有规定责任主体部门，也没有明确相关政策条例如何去实施，更没有执行效果的监察和责任追究机制，使得很多政策条令只是一纸空文。包晓霞、马宁（2005）发现甘肃省实行计划生育的农村地区执行政策上容易出现缺位现象：1. 农村地区的领导干部超生没有受到处罚，助长了群众超生的风气；2. 社会征收抚养费时力度不够，抚养孩子的成本没有提高，让家庭不在乎多生；3. 对于有困难的计划生育家庭的补助难以落实到位。① 吴正俊、俞萍（2008）对重庆五个贫困地区的计划生育家庭进行调查，发现他们出现了少生不能快富的情况，主要是因为政府的奖励政策不到位，贫困地区的家庭难以放弃不再生孩子。② 王存同（2011）以云南、甘肃、重庆和四川四个省（市）为考察样本，发现计划生育利益导向政策很难收集扶助对象信息，这让贫困地区很排斥计划生育政策。③

三是计划生育利益导向政策与其他社会保障措施之间存在重叠和不兼容问题。就保险方面来说，计划生育家庭意外伤害保险是计划生育利益导向机制的重要组成部分，但它与社会综治平安保险、学生在校期间的"学平险"以及妇联的女性妇科疾病保险等存在交集，相互重叠。这一方面造成了资源浪费，为本来就资金紧张的各项保障工作带来资金压力；另一方面"补偿性"的赔偿也因重复投保使大量资金无偿流入保险公司，降低计划生育保险的赔偿率，最终只是保险公司获利。此外，计生部门上下级之间存在冲突，影响政策的实施。湖北省赤壁市为了提升计生家庭的发展能力，针对计生家庭中的独女户和双女户实施中考加分政策，其加分标

---

① 包晓霞、马宁. 建立新机制面临基础性制约——对甘肃计划生育的调查与思考［J］. 西北人口，2005（02）.
② 吴正俊、俞萍、吴永波. 农村计划生育贫困家庭状况调查分析［J］. 西北人口，2008（02）.
③ 王存同. 我国计划生育利益导向机制现状调查与思考［J］. 西北人口，2011（03）.

准为20分。而咸宁市作为赤壁的上一级行政单位,却将中考加分标准由原本的10分降为5分,并要求下级地方的标准不能过高。这就为赤壁的计生工作带来了困难,使得计生导向的作用被弱化,也引起了广大计生家庭的不满。

四是扶贫项目单一,且缺乏合理有效的项目监管以及激励措施。当前全国大部分的贫困地区都还采用传统的定向定点模式,这种垂直向下的帮扶模式下,具体项目是什么、开展哪些相关活动、如何进行项目指导和培训以及项目户的帮扶资金如何分配等均由村委会和项目组决定,贫困户只能被动接受项目安排。往往实际情况中贫困户的意愿和需求与政府的计划有差别,帮扶项目也不能很好地迎合未来的市场需求,项目失败的风险高,帮扶对象的积极性也不高。而且,县计生和扶贫部门往往会将项目资金均等分散地安排给各个项目点,无法形成规模,影响项目效果。加之项目选择上的问题,不但未能取到扶贫效果,反而把项目户引向了错误的生产方向。此外,项目组对于项目的实施不加控制,也不进行考核,往往只是简单地把项目资金给到计生贫困户手中。这样一方面因为项目缺乏监管,资金也不需要返还,有些计生家庭会把项目资金用于物质消费,而不是家庭发展能力的提升;另一方面,项目资金相当于无偿赠与计生家庭的,因而导致寻租行为的产生,最终得到项目资金的不一定是计生贫困家庭。

五是补偿和救助资金的申请手续复杂,相关的制度要求不合理。如计划生育特别扶助金的申请需经过村、镇、县三级的审核,而且至少要填报七八份表格,还需要出具如独生子女光荣证、结婚证等证件,很多农村计生家庭根本就搞不清楚如何才能领到补偿资金。此外相关制度缺乏人性化的考虑,如失独家庭对特别扶助金的申请,在审核过程中需要对失独家庭的情况进行公示,这无疑会增加失独父母的精神压力,让他们变得更为敏感和自卑。很多失独父母宁愿不领这份救助金,也不愿自己孩子死亡的信息被贴在公告板上进行公示。很多年龄大一点的计生父母根本就没有结婚证,更不要说准生证、独生子女光荣证等,使得他们的计生补偿和救助申请变得更为复杂。

第三节 农村计划生育利益导向政策与扶贫开发模式总结

伴随着我国市场经济的发展,过去那种单纯依靠行政命令的强制计生方式已经很难继续推行下去,为避免计生工作的片面化、简单化,需要建立利益导向,把计划生育工作与帮助农民勤劳致富结合起来,引导农民发展新型农村经济。下面对现行的计生扶贫模式进行分类总结。

一、生产投资型计生扶贫模式

（一）企业入股，以工代赈模式。这种模式是县计生部门与扶贫办通过考察当地乡镇中发展较好的民营企业，把项目资金以入股的形式投入到这些企业中，从而参与企业经营与分红，并且和企业签订合同，"以企反哺"让贫困计生家庭劳动力就近参加企业培训并入厂就业。同时，把每年所得的企业分红再次用于计生贫困家庭，帮助其解决养老和医疗等方面的问题。这种模式一方面为当地民营企业提供了一部分发展资金，另一方面帮助解决了计生贫困家庭的就业问题。黑龙江省七台河市茄子河区利用这种模式，坚持村企联建，推行"以企反哺"模式，各村向企业提供废弃地、劳动力以及优质农副产品，企业则先后投入1000多万元用于村室建设、环境整治和扶贫救助，解决了1300多个计生贫困家庭劳动力就业问题，促进了计生贫困家庭脱贫致富。[①]

（二）经济实体带动模式。由县计生与扶贫部门帮助广大计生贫困户成立小实体或小企业，开发利用本地资源进行生产经营，坚持利益共享，风险共担。广西龙胜各族自治县对景点周边计生家庭给与扶贫贷款，发展农家乐旅游，到2010年对金江村先后发放贷款60万元，帮助137户计生家庭参与农家乐旅游，村年接待游客8.9万人次，集体经济收入达28.6万元，人均纯收入4280元。山东枣庄山亭区发展村级经济合作组织，创新成立土地、渔业、冬枣、红椒、板栗等不同类型的专业合作社，大打绿色生态品牌，发展村级经济实体。截至2011年，全区共有农村经济专业合作社136家，入社群众8万多人，人均年收入增加8000元以上。[②] 这种模式试验成功会给当地带来十分可观的经济收益，但是需要比较充足的资本，要求计生户具备一定的经营管理经验，并不适用于所有计生贫困家庭。

（三）针对计生贫困户的"小额贷款项目"。这种模式为计划生育贫困户提供种、养、加、销等项目服务，采取"信用社降息、县财政贴息、乡村级担保"的方式，组织计划生育贫困户的致富贷款项目。这种模式直接将项目资金落实到户，帮扶发展生产，在资金、技术、生产和销售上予以扶持。并且在原项目户取得了一定的经济效益，掌握了技术手段之后，扶持帮助新一批项目户，进行项目推广。河北省按照"小额资助、直接到人、滚动运作、劳动脱贫"的工作思路，据2010年

[①] 黑龙江七台河市茄子河区人民政府. 创新工作机制 落实惠民政策 不断提高人口计生与扶贫开发结合工作水平 [R]. 全国人口计生与扶贫开发相结合工作座谈会, 2011.

[②] 山东省枣庄市山亭区人民政府. 强化统筹协调 建设幸福山亭 努力推进人口与经济社会的和谐发展 [R]. 全国人口计生与扶贫开发相结合工作座谈会, 2011.

评估数据显示，近五年省财政投入贴息资金 800 万元，地方配套 875 万元，年贷款利率 0.6%~1.3% 不等，共计贷款 1.7 亿元，扶持了 1.6 万个计生贫困户开展项目，平均每户发放贷款 9590 元，被扶持户由受助前年人均收入 1712 元提高至受助后年人均收入 3010.3 元，增收幅度为 75%，脱贫率 90%，达到小康率为 35.6%，效果显著。①

二、生活保障型计生扶贫模式

（一）"普惠-特惠"。这种模式是保障对计生家庭的优先优惠，农村计生家庭在面临养老和医疗问题时，会承担更大的风险，很容易因此致贫。因此，无论是已经实施的还是以后准备出台的普惠性政策，在同等条件下计生家庭不仅享有优先权，而且计生家庭享受的补助标准也比一般人群高。② 各地普遍的做法是，帮助计生家庭免费或补贴参加"新农保"、"新农合"，并提高报销比例和资助标准。针对计生贫困家庭，在享受最低生活保障的同时，给予更高的扶助标准，优先享受资金、技术上的帮助等。

（二）"扶贫经纪人"带动模式。所谓"扶贫经纪人"带动模式就是挖掘掌握相关专业技术知识，有脱贫致富经验的人结对帮扶计生贫困户，及时了解他们的生活需求和贫困现状，对他们提供技术、销售等服务，帮带贫困计生户发展。此外，通过组织扶贫志愿小组，对志愿者进行知识、信息和技能的培训，由他们把这些科学先进的生产知识推广普及到各个贫困户中。福建省屏南县发挥党员干部力量，全县 700 多名副科级以上干部、党员挂户帮扶，每年为计生困难户提供一笔资金、一个项目、一项技术，并帮助其子女解决就学等实际困难③，既密切了党群关系，又帮助了贫困户脱贫致富。

三、开发型计生扶贫模式

（一）教育扶贫。通过"金秋助学"的方式，优先帮助贫困计生家庭的孩子解决上学问题，提高在学习期间的生活补助标准，扩大补助的范围，免除中等职业教

---

① 河北省人口和计划生育委员会. 立足实际 创新服务 实现计生与扶贫双赢 [R]. 全国人口计生与扶贫开发相结合工作座谈会，2011.
② 杨云彦等. 人口转型期的计划生育利益导向机制建设 [M]. 武汉：武汉大学出版社，2013.
③ 福建省屏南县人民政府. 着眼用活政策 立足强化措施 努力推动计生与扶贫工作又好又快跨越发展 [R]. 全国人口计生与扶贫开发相结合工作座谈会，2011.

育学校学费，给予生活费、交通费等补贴。开展教育对口支援，各高等院校定向招收贫困学生，加大对计生贫困家庭大学生的资助力度，为其提供公平的受教育机会。结合雨露计划，引导农村贫困计生家庭劳动力接受职业教育和各类技能培训，帮助其解决就业问题，增强自身的发展能力。

（二）幸福工程。以贫困地区计划生育家庭的贫困母亲为救助对象，帮助她们发展家庭经济，脱贫致富。以经济帮扶、技能培训、健康扶助为主要任务，采取"小额资助、直接到人、滚动运作、劳动脱贫"的模式，在帮助贫困计生母亲增收的同时，提高她们的文化素养、身体素质以及社会地位。这种模式实行三级管理，有完善的组织体系和管理制度，从项目的招标、申报到资金的使用和管理，以及最终项目资金的回收都有严格的监管，从而保障滚动运作，惠及更多的贫困母亲，实现脱贫致富。

四、社会综合计生扶贫模式

（一）"企业—基地—农户"模式。这种模式结合当地农业特色和产业调整，由项目组在全国范围内选定合适的农副产品加工企业，与其签订优惠的供销合同，在项目点共同出资建立生产基地，统一指导发展生产。农副产品加工企业必须保证提供给项目户必要的技术指导，并收回全部最后产品，这种产销配套的方式降低了生产风险，且收效较快。这种帮扶模式在全国范围内比较流行，扶贫效果也十分显著。广东省清远市阳山县扶贫办联合天农公司建成岭背镇集约式扶贫培训示范基地首期18幢鸡舍，天农公司负责基地经营和免费培训、扶持120户贫困计生户发展养殖。[①] 安徽省枞阳县依托优势产业基地建设先后在铁铜乡中南村、老洲镇红杨村、枞阳镇五一村等20多个村子建立山药和蔬菜种植、加工贩运等40多个帮扶示范基地，培育了180多户计划生育致富能手和科技示范典型户。[②]

（二）定点对口扶贫，是由中央政府倡导、各级政府率先垂范、全社会广泛参与的一种扶贫模式。通过各种事业单位和国有大中型企业、重点科研院校等参加定点扶贫，承担相应定点扶贫任务，并与各个贫困县形成定点对口支援；各定点扶贫单位自行制定帮扶规划，积极筹措资金，创新帮扶举措和机制，拓宽对口帮扶的领域，形成示范效应，最终带动整个社会的扶贫积极性。

---

① 广东省清远市人民政府．先行先试 共谱人口计生扶贫开发双赢曲［R］．全国人口计生与扶贫开发相结合工作座谈会，2011．
② 安徽省枞阳县人民政府．加大结合力度 创新工作机制 着力提升帮扶水平［R］．全国人口计生与扶贫开发相结合工作座谈会，2011．

（三）非政府组织（NGO）参与模式，如中国扶贫基金会、中国人口福利基金会、中国计划生育协会、香港乐施会等都属于非政府组织。当前在我国非政府组织已被纳入了扶贫工作之中，在长期开展项目的过程中，非政府组织的工作人员积累经验和知识、技能，成为各个扶贫领域的专家，比各级政府的工作人员更熟悉业务，同时也更深入基层，能够更直接和有效地针对不同地区、不同人群、不同贫困层的不同问题开展具体的、有针对性的扶贫活动。协助并监督各级政府贯彻执行有关扶贫开发的方针政策，还能够作为企业和发达地区对贫困地区救助、支援的中介机构和专业机构。随着社会的进步，非政府组织在我国的计生与扶贫工作中扮演的角色越加重要。

按照上文的分类方式，计划生育利益导向政策与扶贫开发衔接的模式大体分为四大类，即：生产投资型、生活保障型、开发型以及社会综合型。生产投资型衔接模式主要帮助贫困计生家庭发展生产，解决就业并提高家庭经济收入。生活保障型衔接模式则着眼于贫困计生家庭的生活现状，防止其因为养老、医疗、子女上学、"失独"以及突发灾害等情况而使生活难以为继，为他们的生活提供最基本的生活保障。开发性衔接模式则着力于提高贫困计生家庭的家庭发展能力，改善陈旧的观念，提高知识素养，丰富生产生活技能，让这些计生贫困家庭实现可持续发展。而社会综合型衔接模式是对以上各种模式的补充，其主要作用在于立足政府主导的体系之外，依靠全社会的力量去参与扶贫，不受固有模式的限制，因地制宜地帮助解决贫困问题。因此，这种分类标准下的各类计生扶贫模式之间并无优劣之分，实际上对于计生贫困家庭来说，生产投资型衔接模式是实现家庭发展的关键，生活保障型衔接模式是实现家庭发展的基础，开发型衔接模式为实现家庭发展提供可持续的动力，而社会综合型衔接模式则是提供必要的辅助补充。

其实各种不同的计生扶贫衔接模式都逃不开两种最基本扶助方式，即"输血"型计生扶贫与"造血"型计生扶贫。输血型计生扶贫是围绕贫困计生户存在的热点、难点问题，为其直接提供钱、物解决眼前问题的一种扶贫方式，是低层次的扶贫。造血型计生扶贫是增加生活知识和能力、增强持续发展能力的深层次计生扶贫。在计划生育扶贫开发中，要处理好"输血"型计生扶贫与"造血"型计生扶贫之间的关系。单纯依靠"输血"型计生扶贫，可以在短时间内取得成效，解决贫困家庭的困难，保障最基本的生活，但难以避免脱贫后的"返贫"现象，是不可持续的。而单纯依靠"造血"型计生扶贫，则脱离了贫困计生家庭当前需解决的紧迫现状，在当前最基本的生活都无法得到保障的情况下，不可能全力以赴到未来的发展能力上。所以，需要针对不同的实际情况来综合利用不同的计生扶贫方式，在保障计生贫困家庭最基本生活的同时，增强他们的知识、信息和生产技能，提高综合素质，杜绝返贫现象。

计划生育利益导向政策与扶贫开发相结合在近二十年的摸索和实践过程中，创造了如此多的各具特色的扶助模式，成效显著但也存在着很多不容忽视的问题。在帮扶过程中存在很多直接的行政指派，具体项目是什么、开展哪些相关活动、如何进行项目指导和培训以及项目户的帮扶资金如何分配等均由村委会和项目组决定，贫困户只能被动接受项目安排。往往实际情况中贫困户的意愿和需求与政府的计划有差别，帮扶项目也不能很好地迎合未来的市场需求，项目失败的风险高，帮扶对象的积极性也不高。县计生和扶贫部门往往会将项目资金均等分散地安排给各个项目点，无法形成规模，影响项目效果。加之项目选择上的问题，不但未能取到扶贫效果，反而把项目户引向了错误的生产方向。此外，各类帮扶模式中普遍存在项目决策和资金运行不科学，质量监控手段不科学，培训滞后，管理人员职责不明以及管理人员文化素质偏低等组织和机制问题，这些问题制约了计划生育与扶贫开发项目的进展，降低了计划生育与扶贫开发项目的成效，需要通过不断的完善管理以及体制革新来解决。

第四节　计划生育利益导向与农村扶贫开发绩效评价

计划生育利益导向政策与农村扶贫开发相结合工作具有重要的现实意义。当前，我国正处于人口发展的重大转折期，人口素质、结构、分布成为影响发展的主要因素。加强贫困地区计划生育利益导向政策与扶贫开发相结合工作，是实现和稳定贫困地区低生育水平，全面提升贫困地区经济社会发展水平的重要途径，有利于促进人口与经济、社会、资源环境的协调可持续发展，必须坚持不懈地落实好这一工作。改革开放以来，在中央统一领导下，各级人口计生与扶贫开发部门认真贯彻落实科学发展观，将计生利导与扶贫开发工作结合起来，在扶贫开发政策、项目上对计划生育贫困家庭进行优先帮扶，创造了"少生快富"工程、"幸福工程"救助贫困母亲行动、"关爱女孩"行动等一系列各具特色的帮扶模式，取得了显著的成绩。首先，贫困农村地区生育水平逐步下降，人口快速增长的势头得到了有效控制，缓解了贫困地区人口与资源环境压力，从而促进了经济发展、社会和谐；其次，通过计划生育利益导向政策与扶贫开发相结合工作，帮助一部分计划生育贫困家庭解决家庭发展问题，优先实现脱贫致富，起到了良好的示范作用，减少了农村贫困家庭数量。此外，改善了农村多子多福的生育观念，更好地发挥出利益导向作用。以贵州省为例,贵州是全国唯一没有平原支撑的省份,人均耕地不足 0.67 亩,贫困人口 554 万,贫困面最大、贫困程度最深、人口密度高,人口增长与扶贫开发的矛盾十分突出。自 1988 年建立毕节"人口控制、扶贫开发、生态建设"试验区以来,积累了丰富的实践经验,取得了明显成效。通过创新帮扶载体,将扶贫开发的各种项目资金捆绑起来使用,优先帮扶计生贫困户发展生产、改善生活,率先脱贫致富;此外,强化建立目标责任考评制,建立"党政牵头、部门配合"的长效工作机制。由省委、省政府与省直 41 个部门签订《人口和计划生育责任书》,将扶贫开发与计划生育相结合工作作为重要考核内容,在基层也广泛建立协调沟通机制。当前贵州省的计划生育利益导向政策与扶贫开发相结合工作取得了显著成效,仅"十五"以来,累计投入 8 亿多元扶贫开发项目资金,共帮助 81 万计生贫困户脱贫致富。全省人口出生率比 1985 年下降了 7.35 个千分点,贫困人口与 1985 年相比减少了 946 万人。2008 年,全省农村办理《独生子女父母光荣证》农户由 1996 年的 162510 户增加到 253436 户。

  贫困问题涉及家庭生计问题,"生计"一词的引用凸显了对于贫困的多维性质的认识,实现了对于以收入和消费为唯一度量标准的经济贫困研究的超越。可持续生计是指个人或家庭为改善长远的生活状况所拥有和获得的谋生的能力、资产和收入。所以拥有优质、高效的生计资本是贫困农村地区降低生计脆弱性、增强风险抵御能力的基础。可持续生计方法作为一种寻找农户生计脆弱性者多原因并给予多种解决方案的集成分析框架和建设性工具,在世界各地的扶贫开发和生计建设项目中得到了运用和实践,英国国际发展部(Department for International Development DFID)开发的可持续生计分析框架中,将家庭的生计资本划分为人力资本、自然资本、物质资本、金融资本和社会资本 5 种类型,描述了农户在市场、制度政策以及自然因素等造成的风险性环境中,如何利用大量的财产、权利和可能的策略去提升生计水平。[①] 计划生育利益导向政策与扶贫开发相结合工作的实践中,逐步认识到贫困计生家庭生计资本的重要性,加大对贫困计生家庭的生计资本投入。曹立斌(2015)利用湖北省的实地调研数据,通过对可持续生计资本的量化测度与分析,发现农村计划生育家庭的生产生活条件显著优于非计划生育家庭,尤其在物质资本积累方面优于非计划生育家庭。[②] 石智雷、徐玮(2014)利用 1992—2010 年

[①] 杨云彦,赵锋. 可持续生计分析框架下农户生计资本的调查与分析——以南水北调(中线)工程库区为例 [J]. 农业经济问题研究,2009(3).
[②] 曹立斌. 计生与非计生家庭生计资本状况比较研究——来自湖北省的数据 [J]. 人口与经济,2015(2).

我国29个省的面板数据实证分析了计划生育利益导向政策对家庭发展的影响，研究发现，综合治理的计划生育利益导向政策对生育水平的影响效应更强，并且更有利于家庭经济状况的改善。该政策对人均资产禀赋有显著的正向影响，且对家庭恩格尔系数有显著的负向影响，这表明它不仅有利于改善家庭当期生活状况，还可以促进家庭长期经济资本的积累。①

然而，当前普惠性惠民政策与计划生育利益导向政策之间存在冲突，一定程度上削弱了计划生育政策的导向作用。虽然，计划生育利益导向政策与扶贫开发相结合工作取得了一定的成效，但是扶贫开发作为普惠性公共政策也造成计划生育家庭的相对利益受损。扶贫开发为的是消除贫困现象，实现全民小康，保障广大人民群众充分享受到社会发展带来的成果，必然涵盖所有公民，当然也包括违法生育家庭。这样，违法生育家庭与计生家庭同等受到扶贫政策的利益，其结果一方面，对人们的生育意识和生育行为产生刺激作用，即便因超生而造成了家庭贫困，也同样会有国家扶贫来"买单"；另一方面，计生奖扶政策决策层次低于普惠性政策，优惠形式以奖励激励为主，保障性不强，资金支持力度较小，因而普惠性的扶贫政策对计划生育贫困家庭的帮扶政策产生了"淹没"效应。

总之，计划生育利益导向政策与扶贫开发相结合工作虽然取得了显著的成效，但两者之间仍存在不容忽视的冲突和不协调问题，需要进一步加强计划生育利益导向政策与扶贫开发相结合工作。健全计划生育利益导向政策与扶贫开发相结合工作机制，积极协调各级扶贫开发部门，在不改变扶贫资金、项目的性质以及目标人群的情况下，优先扶持人口计生工作比较好的村组，优先扶持计划生育家庭。首先，加强各级党政领导的重视，健全各级人口计生和扶贫开发工作领导机构，完善人口计生与扶贫开发工作责任制，进一步完善考核制度；其次，强化部门间配合，共同研究制定具体的政策措施，既分工明确又相互督导，共同解决计生贫困问题。再次，扶贫开发部门和人口计生部门及时了解扶贫对象信息，做好全员人口数据库与贫困农户信息管理系统的衔接，实现信息互通共享，及时更新。最后，各部门应拓展视野，加强人口计生与扶贫开发相结合的有关项目研究，创新帮扶模式，丰富特色鲜明的项目内容，利用有限的资源更好地实现脱贫致富。

---

① 石智雷，徐玮．计划生育利益导向政策对家庭发展的影响效应分析［J］．南方人口，2014（1）．

第四章 新型农村社会养老保险制度与计生利益导向政策衔接研究——以湖北省为例

新型农村社会养老保险（简称新农保）是以保障农村居民年老时的基本生活为目的，建立个人缴费、集体补助、政府补贴相结合的筹资模式，养老待遇由社会统筹与个人账户相结合，与家庭养老、土地保障、社会救助等其他社会保障政策措施相配套，由政府组织实施的一项社会养老保险制度，是国家社会保险体系的重要组成部分。

西方现代福利国家的社会养老保险制度在战后经历了几十年的快速发展，之后屡见弊端、矛盾层出。到了20世纪80年代，如何改革社会养老保险制度就成了众多国家必须认真面对的课题。改革的实践促进了社会养老保险制度理论研究的活跃，但是，社会养老保险制度理论是综合了政治、经济、社会、历史和文化等多学科的研究领域，尤其是政治因素在社会养老保险制度的改革中所起的作用经常使社会养老保险理论变得苍白无力。所以很大程度上，西方国家社会养老保险制度改革的理论与实践是脱节的，即理论上的研究和争论并没有向其他学科那样直接地引起改革上的重大进展。尽管如此，社会养老保险制度作为一项复杂的、综合性强的、利益关系敏感的、涉及社会稳定和发展的重大社会举措，理论上的研究和指导还是必要的。英国剑桥学派主要代表之一的庇古，在1920年出版的《福利经济学》中提出了早期的养老保险理论。随着西方国家人口老龄化现象日趋严重，各国开始对养老保险制度进行改革，以便确定适合本国国情的可持续发展的制度模式。

Feldstein（1974），Bodie 和 Merton（1993）先后对现收现付制进行了研究，对现收现付制和基金制进行了详细的对比，并指出不同的制度下养老金领取者个人所面临的风险有所不同。Auerbach 和 Kotlikoff（1987）运用一个75年生命周期的一般均衡模型对现收现付制转变为基金制的影响进行了实证分析，结果表明，养老金的私有化改革将增加长期经济资本存量和产出水平，增加劳动供给和提高人们的净福利，这一模型后来不断发展，同时广泛应用于分析养老保险制度改革对储蓄以及经济增长极福利的长期影响。Palacios 和 Sluchynsky（2006）对全球的养老保险经验分析认为，各国的养老保险覆盖率和成本大相径庭，不同国家应该从本国国情考虑建立不同的养老保险制度。从发达国家社会保障的发展历程来看，农村社会保险的发展滞后于城镇的现象几乎是普遍的。

中国是城乡二元社会保障体系，因而在养老保险理论研究上也都是就城市、农村分别进行。相对于城市社会养老保险制度来说，农村社会养老保险制度的建设和理论研究极度缺乏和不完善。在中国农村经济体制改革的不断深入及农村计划生育政策大力推行的背景下，中国农村老龄化人口的养老成为中国农村经济发展的桎梏，迫切需要建立符合中国国情的农村社会养老保险制度。对中国农村社会养老保险制度理论进行系统研究就很有必要。国内学者对农村养老保险制度的可行性持有不同的观点。杨翠迎和张晖等（1997）分析了中国农民社会养老保险的经济可行性，认为农村社会养老保险在全国范围内建立是不可行的，只有东部和中部一些省份才具备开展这项工作的条件。郑功成（2003）认为，不能以政府对农村居民没有承诺为借口来拒绝建立相应的社会保障制度，不能过分强调财力不足来规避对农村居民养老的责任，农村需要社会保障，政府负有主导农村社会保障的责任和义务。李洪心（2005）对人口老龄化与可持续发展进行了一般均衡分析，他利用一个以人口增长作为外生变量的一般均衡模型，说明人口老龄化对中国整体国民经济的影响，结论表明应当改革现收现付养老金支付方式，以缓解人口老龄化对国民经济发展和人民生活水平提高的副作用，使中国经济得以持续发展。

第一节 湖北多试点县市农村社会养老保险制度与计生利益导向政策衔接现状

一、湖北省新型农村社会养老保险制度与人口计生政策衔接现状

农村养老保险新政策是在农村实现"种田不交税、上学不交费、看病不太贵"后，实现"养老有保障"，具有里程碑意义。2009年，国家发布了《关于做好新型农村社会养老保险制度与人口和计划生育政策衔接的通知》，湖北省于2010年2月转发了这项政策，并将湖北省咸宁市、赤壁市等13个县（市、区）列入全国首批新农保试点范围，目的是为了做好本省人口和计划生育工作，建立和完善计划生育利益导向机制。对湖北省13个新型农村社会养老保险试点县（市、区）新农保制度和人口计划生育政策相衔接状况进行总结，现状如下：

(一) 大力宣传，效果显著

自新型农村社会养老保险试点工作实施以来，湖北省各级政府注重落实情况，各部门紧密配合，各司其职，新型农村社会养老保险试点工作得以稳步向前推进。同时，为了使这项政策让更多的农民了解，增加认同感，各级政府加大报纸、电视、网络等媒体宣传，在试点县（市、区）印发《告农民朋友的一封信》等资料；在人口密集地段贴标语、拉横幅、办橱窗，在乡镇集市设立咨询点；当地政府有关部门还入户进行宣传，让新型农村合作养老保险在试点地区的居民更快、更深刻地了解政策内容，提高参保率。

通过广泛宣传，形成两个共识：一是使广大群众真正认识计划生育家庭在参加新型农村社会养老保险时得到了更多的实惠，由此进一步引导育龄人群转变生育观念，规范地执行人口计生政策；二是使广大群众真正知晓开展新型农村社会养老保险工作实施的是自愿参保原则，让群众充分知情，从而提高群众参保的积极性和自觉性。

(二) 积极制定惠民政策，保障农民利益

湖北省人力资源和社会保障厅在指导试点县（市、区）制定实施方案时，在严格执行中央及省政策的同时，根据各县（市、区）的实际情况进行调整。比如：中央确定每人每月55元基础养老金，在此基础上，部分试点地区提高基础养老金标准，加发部分资金由当地政府负担。如武汉将基础养老金标准提高到100元，大冶、神农架林区等提高到60元。在中央、省确定的基本缴费标准基础上，多个地区结合实际，增设缴费档次，比如钟祥市就分为每年100元、200元、300元、400元、500元、800元、1000元、1200元8个档次，满足了不同经济条件农民的需求。有的地区通过增加基础养老金，鼓励长缴，如对于缴费满15年的，每增加1年缴费，月基础养老金增加2元；有的通过增加缴费补贴，鼓励多缴，如对缴费标准在500元以上的，每提高一个档次给予5元补贴。

除此之外，部分试点市（县）还制定了有关制度衔接的政策，比如：赤壁市将已参加农村社会养老保险的，在该办法实施前已达到60周岁并按月领取的，除继续享受原领取养老金标准外，可直接享受新农保基础养老金；未满60周岁并且没有领取养老金的参保人，将原有个人账户资金并入新农保个人账户，可按新农保的缴费标准续保缴费，待符合规定领取条件后享受相应待遇。

(三) 申请程序方便快捷，方便农民

农村人口多、居住散、流动大，因此新农保经办工作量很大。湖北省通过加强基层基础建设、经办能力建设和信息系统建设，提供规范便利的经办服务。由省编

委下发了《关于加强和完善全省新农保试点县（市、区）劳动保障服务平台建设有关问题的意见》，明确了机构、编制、经费等问题。试点县（市、区）在各乡镇设立人力资源和社会保障服务中心，每个村明确了1名新农保协管员。省人社厅制定出台了新农保经办规程，及统计管理、档案管理、待遇领取资格认证等多个配套办法。各试点县（市、区）在各个业务环节明确了程序和标准。如宜都市申请程序规定：（1）村（社区）委员会受理、初审。符合条件的享受补贴的对象本人可持《独生子女证》或《独生子女父母光荣证》、身份证、结婚证、户口簿原件和复印件向户口所在村（社区）提出申请，领取并填写《申请表》一式三份，由村（社区）按有关计划生育法律、法规和政策的规定进行审议，签署初审意见，并将申请材料上报乡（镇）、办事处计生办。（2）乡镇、办事处复审。（3）市人口与计划生育局汇总、确认。（4）市劳动和社会保障局审批、市财政局复核。（5）符合条件对象在达到领取条件的当月初申报。

二、湖北省新型农村社会养老保险制度与人口计生政策衔接中存在的问题

（一）各地工作进展不够平衡

虽然湖北省新型农村养老保险工作在有条不紊中向前发展，但其发展不平衡。这与湖北省各县（市、区）的经济发展水平密切相关，但就在同一经济发展水平地区内，县与县（市）之间农村养老保险工作发展不平衡性更为明显①。究其原因：一是少数地方的政府相关部门重视力度不够，对新型农村养老保险工作的认识存有较大差距。主要表现在：有些地区的相关部门没有认真学习新农保政策，没有认清新农保政策的创新点和关键点。二是少数地方政府的宣传不到位，致使少数农民对政策了解不深，对自我养老保障认识不清，认为可养儿防老。我国传统的养老观念是"养儿防老"，但随着时代的进步，这些落后的观念已被新的观念所取代。但是，由于部分地区相关部门的宣传力度不够，没有让农村计生家庭真正了解什么是新农保政策，这项政策对计生家庭带来的好处是什么，因此使得他们仍未改变旧的养老观念。三是少数地方政府行动力不强，早期基础工作不到位，使得工作进度缓慢，影响政策的有效实施，拉大地区间的差距。主要表现在：有的地区早期并未根据自己所在地区的实际情况制定相关的政策法规，使得这项工作总是停滞不前，

---

① 邓大松，薛惠元. 新型农村社会养老保险制度推行中的难点分析——兼析个人、集体和政府的筹资能力［J］. 经济体制改革，2010（1）.

第一节　湖北多试点县市农村社会养老保险制度与计生利益导向政策衔接现状

最终影响制度的实施。

（二）人口计生部门缺少规范性的操作办法

总结13个试点县（市、区）落实新型农村社会养老保险的工作情况，大多数试点县（市、区）制定了将计生家庭纳入新农村养老保险的意见，但没有根据本县（市、区）的实际情况制定详细的实施细则，如享受新农保优惠政策的目标人群的政策口径、调查取证、资格确认、资金发放流程、监督办法等。仅赤壁市人口计划生育局和劳动保障局联合制定了《赤壁市计划生育家庭享受新型农业养老保险特别奖励扶助制度实施细则》，对计生家庭享受新农保优惠政策的目标人群的政策口径、调查取证、资格确认、资金发放流程、监督办法、进入退出机制等做了明确和规范，效果显著。因此，其他试点县（市、区）应尽快结合当地的实际情况出台相应的实施细则。

（三）农业人口数量多及计生工作基础较好的县（市、区）财政压力较大

我国是农业大国，农业人口数量庞大，而现行的新型农村社会养老保险试点工作建立了"个人缴费、集体补助、政府补贴"的筹资机制，其中政府补贴部分由中央、省、市和县四级财政共同分担，体现了各级财政补贴的责任，除中央财政补贴外，地方政府财政支持能力和村集体经济的发展程度成为影响新型农村社会养老保险制度可持续发展的重要因素[①]。由于新型农村社会养老保险具体落实的是县级政府，因此县级财政的责任重大，这对许多经济不发达的县（市、区）来说，财政负担过重。同时，试点县（市、区）在新型农村养老保险中对计生家庭实行的补贴未纳入中央和省级财政的支持范围，完全依赖于县级财政负担，而农业人口数量多和人口计生工作基础较好的地区由于目标人群多，补贴资金也会增加，比如宜都市人口计生工作基础好，一孩积存率达到79%，加上农村双女家庭及其他奖励对象，85%的家庭可以享受优惠政策，按照农村独生子女及双女户父母每人每年补贴60元、独生子女伤残死亡及手术并发症患者每人每月补贴120元的标准，财政每年需补贴资金47.5万元，以后平均每年净增加20多万元，财政压力较大。这些因素都将会影响新型农村社会养老保险制度的良性发展。

（四）参保意识方面的问题

人们对参保的兴趣与社会生产力发展水平二者之间是互相联系、互相制约的。长期以来，由于农村生产力水平普遍偏低，农民受教育水平不高，传统的家庭养老和养儿防老观念浓厚，对社会保障的需求不是很强烈，再加上对新型农村社会养老

---

① 廖松. 湖北省新型农村社会养老保险制度研究[J]. 安徽农学通报, 2012（18）.

保险政策宣传工作不到位，因此可能会造成农民参保意识不强，对参保政策仍有怀疑，这些影响了新型农村社会养老保险在试点县（市、区）的推广。

（五）部分县市新农保补助标准过低，不能改善计生家庭的生活水平

通过对湖北省赤壁市的调研以及获取的相关资料可知，赤壁市农村计生对象补助的发放标准为独子户家庭为每户每月10元；两女户家庭为每户每月20元；独女户家庭为每户每月40元。通过与当地计生部门和计生家庭的沟通了解，由于我国经济的发展，物价普遍上涨，而补助标准过低，这些资金只能在一定程度上为计生家庭带来补偿，但不能改善计生家庭的生活水平。

三、对湖北省计划生育利益导向机制的对策建议

（一）力争将农村新型社会养老保险中体现对计划生育家庭的优惠方案纳入省政府的方案，而不是各县市自主设计和实施

赤壁市通过将计划生育家庭优惠政策纳入新型农村养老保险中，不仅吸纳更多的农民参保，对群众具有较强的导向作用，而且也能够从根本解决计划生育家庭养老的后顾之忧，排除农民参保的顾虑，效果十分显著。因此，其他试点县（市、区）也应尽快出台政策，将计划生育家庭优惠政策纳入新型农村养老保险中，同时力争将农村新型社会养老保险中体现对计划生育家庭的优惠方案纳入省政府的方案。从对13个试点县（市、区）落实新型农村社会养老保险的情况来看，大多数地区在新型农村养老保险中体现了对计划生育家庭的优惠，并且试点县的经验证明，补贴资金地方政府是可以承受的。同时，应由省政府来制定对计划生育家庭的优惠方案，而不是由各县自主设计和实施。因为国家新农保试点方案设计的初衷就是为了更好地实现社会公平的目标，其最终目标是解决农村老年人"老有所养"的问题，但在对试点县（市、区）进行调查时发现，仍有少数地方未按要求制定政策，这将影响农村群众的切身利益。因此，由省级制定优惠方案，各县（市、区）落实，既有利于统一管理，同时也可真正保障农民群众的切身利益。

（二）制定具体操作办法，确保新农保对计划生育家庭的优惠政策规范运行

为了确保新型农村养老保险对计划生育家庭的优惠政策规范运行，各试点县（市、区）应制定切实可行、具体的操作方案，明确目标人群的政策口径，规范申请申报、资格确认、公示公开、资金发放、监督检查等操作流程。如赤壁市在《赤壁市计划生育家庭享受新型农村社会养老保险特别奖励扶助制度实施细则》中，就明确规定：（1）特别奖励扶助对象是：独生子女伤残或死亡家庭的夫妻、独女户家庭的夫妻、"两女绝育户"家庭的夫妻、独子户家庭的夫妻，同时又对各

扶助对象列举了具体的条件。(2) 特别奖励扶助金发放的申请。凡本人认为符合特别奖励扶助条件的本市农业户口村民,均可持相关证件或证明,向户籍所在地的村(居)民委员会领取并填写一式三份的《申请审批表》。(3) 特别奖励扶助对象资格的确认。首先由村(居)委会初审;再由乡镇(办)计生办进行审核;再由市人口计生局进行审核确认资格,对符合条件的进行审批;最后由村(居)委会向群众公示一周。(4) 特别奖励扶助对象的退出。宜都市也制定了申报细则,如:由村(居)委会受理、初审;由乡镇、办事处复审、公示;由市人口与计划生育局汇总、确认;最后由市劳动和社会保障局审批、市财政局复核。这些试点县(市、区)通过制定具体操作方案,使得落实新型农村社会养老保险的工作有了很大的进展。

(三) 积极对其他形式的社会养老保险及商业保险如何与新农保实现对接进行探索和研究

我国目前社会养老保险体制构架按照人口类型可分为城镇企业职工养老保险、机关事业单位养老保险和农村养老保险三大部分。最初的社会养老保险制度即是城镇养老保险制度。国家机关事业单位人员的养老保险制度是从城镇职工养老保险制度中分离出来的,其后,在制度变革过程中又经历了合并和分离的过程。随着经济的发展,又出现了一种完全由自己缴费,通过商业保险公司购买的一种险种,即商业保险。城镇企业职工养老保险、机关事业单位养老保险和商业保险更大的收益群体是城镇居民,因此应通过对这些险种进行分析,将其精华融入新型农业养老保险中,使其他形式的社会养老保险及商业保险实现与新型农村养老保险的对接。

(四) 提高农民对新农保的认知程度

尽管湖北省广大农民的整体素质与过去相比有了很大提高,但在少数地方,特别是经济落后地区的农民仍受传统的养儿防老观念的影响,对新型农村社会养老保险政策持有怀疑态度。因此,农村养老保险有关部门应加大政策宣传,通过报纸、电视、网络等丰富的媒体形式进行宣传,在人口密集地段贴示语、拉横幅、办橱窗,在乡镇集市设立咨询点;当地政府有关部门还应入户进行宣传,让试点地区的居民更快、更深刻地了解新型农村合作养老保险的政策内容,消除农民的思想顾虑,逐步改变传统养老观念、增强农民保险意识,调动农民参保的积极性。

新型农村养老保险制度是建立和发展社会主义和谐社会的重要部分。自2010年2月,湖北省转发由国家人口和计划生育委员会、人力资源和社会保障部、财政部联合发布的《关于做好新型农村社会养老保险制度与人口和计划生育政策衔接的通知》以来,各县(市、区)政府干部都认真学习此文件,并积极召开专题会议，认真研究并部署，根据各县（市、区）的实际情况制定了详细的实施细则，并付诸实际行动，取得了很大的进展。同时，也存在一些问题，比如各地工作进展不够平衡；农业人口数量多及计生工作基础较好的县（市、区）财政压力较大等。因此，现阶段我省应力争将农村新型社会养老保险中体现对计划生育家庭的优惠方案纳入省政府的方案；积极对其他形式的社会养老保险及商业保险如何与新农保实现对接进行探索和研究；提高农民对新型农村养老保险重要性的认识，并采取强有力的措施，真正实现农村居民老有所养。

第二节　赤壁市新农保与计生利益导向政策衔接评估

自 2010 年 2 月湖北省将赤壁市等 13 个县（市、区）作为新型农村养老保险与计划生育利益导向政策相衔接的试点县（市、区），赤壁市就积极响应国家号召并根据本市的实际情况制定相关政策，取得了不错的成效。

2011 年 3 月，赤壁市委书记在《赤壁市人口和计划生育工作会议上的讲话》中不仅总结了 2010 年计划生育工作的经验与教训，同时还提出新的目标与建议。如：在过去的一年，赤壁市各部门扎实工作，顺利完成各项目任务，计生工作取得了新的成效。2010 年，赤壁市的人口计生综合考核排位第一。同时，他指出赤壁市的人口计生问题，主要包括：（1）赤壁市除了面临与全国、全省一样的人口压力外，同时还是全省出生性别比较高的县市之一；（2）符合政策生育率在全省处于较低水平；（3）基层基础工作还十分薄弱。因此他提出以下建议：（1）要始终坚持计划生育基本国策不动摇；（2）要统筹解决好人口计生工作面临的问题；（3）要切实加强组织领导。

2012 年 5 月，湖北省赤壁市委、市政府把实施人口计生利益导向政策作为一项社会系统工程建设，在确保国家、省有关计生奖扶制度落实到位的同时，全面加强人口计生利益导向政策体系建设，实现八项政策全覆盖，主要包括：

（1）落实单位帮扶全覆盖。赤壁市 2007 年起就开展了"双百"帮扶行动（百家单位帮扶百家女儿户家庭），做到"八个一"，即一个帮扶单位帮一户贫困计生女儿户、筹集一笔资金、发展一个致富项目、推广一项应用技术、培养一个计生致富能人、挂一个帮扶牌、建一个帮扶档案，帮扶活动做到一定三年不变。全市每年有 372 个双女户得到了帮扶，其中 20 户得到重点帮扶，每户落实帮扶资金达到了 2 万元以上。

（2）落实县级企业退休职工计生奖励金全覆盖。2009 年，该市财政一次性兑现企业独生子女家庭父母退休后计生奖励各 3500 元，共计 1368.15 万元。据统计，到 2011 年止，该市由财政列支，共对 4397 名企业退休职工发放计生奖励金 1538.95 万元。

（3）落实中考加分优惠待遇全覆盖。2009 年以来，该市确定了对农村独生女和二女节育户家庭的女孩报考本市高中时给予加 20 分奖励。赤壁市开展"阳光助学"行动，近三年来，该市共有 613 名符合计划生育加分条件的考生获得了加分照顾，其中，有 47 名学生经加分后被重点高中录取。同时，对计划生育女儿户参加高考时录入重点大学的考生，由市教育基金会分别落实 2000 元的奖励金，全市共对 21 名录入重点大学女孩发放了 4.2 万元的奖励金。2012 年，该市高考加分对象 41 人，其中 3 人因加 10 分被录取到高校；中考 114 名女孩享受加分 20 分，其中 10 人加分进市一中，直接经济受益 24 万元。

（4）落实独生子女保健费资金发放全覆盖。从 2009 年开始，该市全面开展了农村和城镇无业居民独生子女保健费的落实工作，将独生子女保健费所需经费全额列入财政预算。近三年来，由市财政列支，该市共对 4364 个独生子女家庭发放了独生子女保健费，共计 129.7 万元。

（5）落实生育关怀全覆盖。2006 年起，该市开展了计生"赤子平安"幸福工程，关怀的对象是，该市领取《独生子女父母光荣证》的家庭、人口计生工作者、农村二女节育户、村支书、计生专干等。近几年来，该市共投保 65456 份，投保金额 200 万元。有 21 人次得到了计生保险的理赔，理赔金额为 14.61 万元。2012 年，该市对领取独生子女父母光荣证的家庭、计划生育工作者、农村二女绝育户等，共投保 4446 份，投保金额 13.38 万元。其中，农村二女绝育户办理 90 份，镇、村计生干部办理 672 份，市直单位独生子女家庭办理 1167 份。有 4 人次得到了计生保险的理赔，理赔金额达 5000 元。

（6）落实二女节育户和独生子女伤残死亡家庭救助金全覆盖。该市对农村二女户落实长效节育手术的对象一次性奖励 2000 元，对独生子女发生意外伤残或死亡的家庭女方年满 49 周岁的分别给予 2000 元或 3000 元一次性救助，兑现资金按年度结算。

（7）落实农村计生家庭奖扶和计生家庭特扶资金准确发放全覆盖。确认农村计划生育奖励扶助和计划生育特别扶助对象资格，将奖、特扶资金由银行以"直通车"的形式直接打入奖、特扶对象个人银行账户。目前全市确认的 397 个奖、特扶对象，资金均已按国家规定的标准全部发放到位。

（8）实现"新农保"融入计生奖励政策衔接全覆盖。该市作为全省 13 个首批试点县市之一,将落实计划生育家庭奖励融入"新农保"政策之中,使计划生育家庭在"新农保"普惠养老金的基础上,再给予倾斜和提高补助标准,具体做法是:在国家标准基础养老金每人每月 55 元的基础上,市政府确定适当提高养老金标准。对独生子女伤残或死亡家庭的夫妻每人每月增加 50 元;对独女户家庭的夫妻每人每月增加 40 元;对计划生育二女节育户家庭的夫妻每人每月增加 20 元;对独子户家庭的夫妻每人每月增加 10 元。该市已对年满 60 周岁的 329 个享受"新农保"计生对象按月落实了优惠补贴,共发放优惠补贴资金 19 万元。

2014 年,为了保证赤壁市"八项政策"的人口计生工作落到实处,赤壁市政府提出了以下建议:(1)实行计生领导小组成员单位定期会议制。各联管部门各司其职,通过每两个月召开一次计生领导小组成员单位工作会议,解决工作中存在的问题,统筹安排部署工作;(2)实行双月通报制。市人口计生领导小组每两个月对各乡镇进行一次考核评分,找到问题,分析原因,解决问题;(3)实行季度约谈制。每个季度对人口计生工作滞后的乡镇负责人进行约谈。(4)实行半年现场督导制。对考核落后的乡镇,由各领导组织会议,分析问题及原因,并提出解决方案;(5)实行部门联管责任制。各联管单位分工明确,协调配合,对各部门配合不得力、不作为造成严重后果的,将追究部门单位责任。

总体来说,虽然湖北省赤壁市新农保与计生利益导向政策在衔接时仍然存在一些问题,如补助标准水平低,赤壁市政府的财政压力过大等,但是赤壁市能够积极响应国家号召并出台相关政策与项目,如:"双百"帮扶行动,解决了家庭贫困的独生女家庭户;开展"阳光助学"行动,帮助该市符合计划生育加分条件的考生获得了加分照顾;开展了计生"赤子平安"幸福工程,帮助独生子女家庭;落实计划生育家庭奖励融入到"新农保"政策之中,使计划生育家庭在"新农保"普惠养老金的基础上,再享受倾斜和提高补助标准等,这些项目取得了很大的成效。

第三节 农村奖扶制度的风险及并入新农保的建议

我国自 20 世纪 70 年代全面推行计划生育政策以来,妇女生育水平迅速下降,人口增长速度逐步减缓。无论从节省社会抚养费的角度还是从人口与经济、资源、环境协调发展的角度,计划生育政策都做出了巨大的、不可磨灭的历史贡献,为我国经济社会发展、民生改善创造了良好的人口环境(王胜今、林盛中,2003)。但是,计划生育政策的实施彻底改变了农村传统的社会和家庭结构,传统的家庭养老保障模式受到冲击。在社会养老保障制度缺失,家庭是最主要的养老支持力来源的许多农村地区,由于各项保障体制比较薄弱,许多计划生育家庭因子女供养数量低不能有效满足父母养老所需;同时,子女在成长过程中面临无数的风险,尤其对于独生子女家庭,一旦子女发生重大意外,如死亡或重度残疾,对于家庭的打击甚至是毁灭性的,当这些父母步入老年,他们生产和生活将面临诸多困难,养老问题非常突出。

为了让这些响应了计划生育的群众在晚年也享受到社会发展的成果,同时,也为引导更多的人少生,从而达到稳定低生育率的目的,我国自 2004 年开始在中西部部分地区进行"农村部分计划生育家庭奖励扶助制度"(本文简称"奖扶制度")试点工作,2006 年全面铺开。该政策的主要内容是:在各地现行计划生育奖励优惠政策基础上,对响应党和国家号召,只生育一个子女或两个女孩,年满 60 周岁的农村夫妇,按每人年均不低于 600 元(目前调整为不低于 720 元)的标准发放奖励扶助金,根据各省不同经济基础和计划生育实施情况,奖扶对象、奖扶年龄、奖扶标准等略有不同。奖扶制度一出台,就赢得了广泛的赞誉,被称作是我国计划生育政策的一次重要创新,具有理念创新、机制创新、模式创新和程序创新(邬沧萍、苑雅玲,2004)。奖扶制度是我国计划生育政策从惩罚多生到奖励少生的重要举措,并为中国的计划生育政策赢得了很好的国际声誉。

奖扶制度推行后,众多学者对其实施效果进行研究。高文力等从国家试点地区采取非随机抽样方法抽取调查对象,分别对奖扶对象和非奖扶对象进行了群众认知状况调查,发现奖扶制度的群众认同率很高,非奖扶对象的大多数(87%)也认为这项制度"非常好"。奖扶制度试点一年之后,全国各地进行了政策实施工作总结,大家几乎一致认为奖扶工作取得了显著成效:促进了计生工作方法的转变;调动了多数农民实行计划生育的积极性;密切了干群之间的关系;切实解决了部分计划生育家庭的困难等(高文力等,2005)。

但也有学者研究指出,奖扶制度实际推行中出现了"部分群众知晓率不高、工作程序不规范、审核把关不严、调查取证不够深入等问题(杨云彦等,2007)[①]。另外有学者研究发现,奖扶制度存在"奖励对象认定程序不完善,宣传工作不到位,信息化建设不足,审核过细,行政成本过高"等问题(贾立民,2004)。

从已有的对奖扶制度的研究看,要么是盛赞这项制度,要么是关注到政策实施过程中出现的问题并提出"修补"性建议,尚没有涉及该政策的根本性问题,即

---

① 杨云彦,石广帅,王艳,杨世华,杨先榕.农村部分计划生育家庭奖励扶助制度的评估分析 [J].人口与计划生育,2007(12).

政策存在的合理性和政治风险，本研究将对此进行阐述，并提出对策建议。

一、从人口发展态势看奖扶制度的政治风险

（一）我国人口发展现状及趋势

我们首先应当看到，我国计划生育政策的实施产生了巨大成效，20 世纪 90 年代中后期，我国的妇女总和生育率已降至 1.8 左右，已经步入低生育率国家行列，人口迅速增长的势头得到有效的遏止，有力地促进了我国人口与经济社会的可持续发展。根据联合国关于中国未来人口数量的中方案预测（中方案对应的是相对宽松的二孩政策方案），到 2030 年中国人口数量达到峰值 14.6 亿，2050 年减少到 14.1 亿。而根据低方案预测（低方案对应的是严格的低生育方案，与我国现行生育政策相当），中国人口规模达到峰值提前 10 年，而且峰值水平有明显下降，为 13.7 亿，之后迅速下降，到 2050 年下降至 12 亿左右（UN，2008）。

但是，越来越多的学者意识到现行计划生育政策继续长期执行将对我国人口结构会产生比较严重的负面效应，主要表现在我国未来人口老龄化、劳动力人口老化、性别比失调等方面。

首先，过低的生育水平将会导致我国人口老龄化速度过快，老龄化程度过高。2000 年，我国 65 岁以上老年人口占全国总人口的 7%，我国人口类型已经进入老年型。如果继续实行较为严格的生育政策，我国未来人口老龄化速度非常快，2050 年 65 岁及以上人口所占比例将达到 25%左右。老龄化程度远远高于世界平均水平（美国人口咨询局预计，到 2040 年，全球老年人口将占总人口的 14%）。老年人抚养比迅速上升，可能会制约我国经济社会的快速发展，也对我国养老保障体系提出了严峻的考验。

其次，中国人口老龄化进程迅速加快，劳动力人口老化也不可避免。根据预测，目前中国劳动力人口数量仍将继续增加至 2020 年，之后，我国劳动年龄人口不仅总数逐渐减少，而且迅速老化。一方面 15～29 岁青年劳动力比例不断下降，另外一方面 45～59 岁老年劳动力人口比例不断增加。如果继续实行严格的计划生育政策，从 2000 年到 2050 年，青年劳动力人口比例将从 38.55%下降到 24.62%，老年劳动力人口比例将从 23.47%上升到 42.65%（李建新 2009）[1]。这样的劳动力人口结构会对我国未来经济社会造成巨大冲击，产生巨大的负面效应。

第三，严格的生育控制政策一定程度加剧了我国出生性别比失调问题。一般认

---

[1] 李建新. 中国人口结构问题［M］. 北京：社会科学文献出版社，2009.

为，出生性别比正常值在 103~107 之间，但根据五普数据显示，2000 年我国一孩性别比超过了 107，二孩性别比为 151.92，三孩出生性别比高达 160.30，全国出生性别比为 120，到 2008 年仍高达 120.67。性别比严重失调的问题将会引发严重的社会问题。应该说，中国出生婴儿性别比失调问题并非完全由生育政策所引起，但在男孩偏好比较普遍的情况下，严格的生育控制政策所产生的"生育挤压"，一定程度上强化了人们的性别选择动机（Guilmoto，2009）。而且，一孩政策的"浓缩效应"，已推高了出生性别比（石人炳，2009）。

从上述分析我们认为，中国人口发展态势客观上要求生育控制政策做出一定的调整。从历史上看，不少亚洲国家或地区都经历了先倡导少生、后鼓励多生的道路，如韩国、日本、新加坡、中国台湾等。

（二）现行奖扶制度的风险

农村部分计划生育家庭奖励扶助制度是我国计划生育利益导向政策的重要组成部分，其主要作用之一是引导和鼓励人们少生。但与其他"即时性"的计划生育利益导向政策（如独生子女保健费、独生子女和双女户的一次性奖励费等）不同的是，奖扶制度所规定的受益对象的实际受益具有明显的滞后性：如果一对 30 岁的农村夫妇已有一个子女或两个女孩，并决定不再生育，根据奖扶制度的规定，他们要等到 60 岁时才能开始受益，这显得有些"遥遥无期"。这种受益的严重滞后可能会影响政策的导向效果，因为一些群众对该政策的持续性表示质疑（石人炳、赵二影，2007）。为了打消群众的顾虑，让政策更好地发挥"引导少生"的作用，媒体和计生部门对群众的宣传都是"奖扶制度是一项长期执行的政策"，即政府向农民承诺：只要你现在少生育（符合奖扶制度规定的生育情况），年老后就能享受到政府的奖励扶助养老。这一承诺的兑现一般要在 30 年之后。

但据有关专家计算，中国现行生育政策完全实现所对应的政策终身生育率为 1.47（郭志刚等，2003）远低于更替水平。如果这一生育水平得以持续完全实现，未来中国人口将会迅速减少。且不谈前文关于我国人口发展中的迅速老龄化、劳动力老化等问题，仅就当前计生政策本身而言，可以肯定地说，现行计划生育政策只是一个过渡性的政策而不是一个持续的政策，政策的调整（即放宽生育限制）只是一个时间问题，调整是必然的。

一些调查表明，我国农村妇女意愿生育子女数已经低于更替水平，在乡—城流动人口和农村青年一代人中，意愿生育水平更是低于 1.5（李建新、骆为祥 2009）。这是一个值得注意的信号，会不会有这么一天，当政府完全取消了生育限制政策，但人们不愿意多生育了？这种担心不是毫无根据的：第一，近几十年来，我国城乡居民的意愿生育水平不断下降，预计随着社会经济发展和城市化进程加快，以及社会保障制度的不断完善，人们的生活方式会逐渐发生变化，我国居民的意愿生育水平还会进一步降低（贾志科，2009）。第二，国外有不少这样的先例，韩国在20世纪60年代总和生育率曾到达6.0以上，迅速膨胀的人口迫使政府倡导民众少生。但几十年后的今天，韩国是世界上生育水平最低的国家之一，极低的生育率（2008年韩国总和生育率在1.2左右）以及由此带来的人口迅速老龄化和未来人口减少的预期成为韩国政府面对的新的人口问题。新世纪之初，韩国政府已经明确鼓励民众生育。日本和中国台湾为解决低生育率问题也制定了鼓励生育的经济奖励政策。

于是，奖扶制度受益的滞后性使得这一制度隐含着一个政治风险。由于奖扶制度的主要目的之一是鼓励少生，并且对实行少生的农村居民承诺"奖扶养老"。但如果有一天，我国人口发展的实际和国民的生育意愿要求计划生育政策做出重大调整，甚至取消对生育的数量限制，那时，所有鼓励人们少生的计划生育利益导向政策就失去了存在的社会基础，这类政策就应该终止。但与其他利益导向政策不同的是，现行奖扶制度具有较强的政策刚性，于是政府就可能陷入一种两难境地：一方面，人口发展的实际不需要鼓励少生（我们甚至不能排除未来有一天需要倡导生育的可能性），奖扶制度必须终止；另一方面，我们对现在的农村育龄人口（未来的老年人）有过承诺：只要他们少生了，政府将来就要扶助他们养老。如果将来取消奖扶制度，政府就会失信于民，政府公信力必将受到挑战。可见，从长远看，奖扶制度的政治风险是显而易见的。

二、将奖扶制度并入"新农保"以规避制度的风险

为了规避奖扶制度的政治风险，我们建议，将奖扶制度并入现在正在试点、并将在全国普遍推行的"农村新型养老保险制度"（简称"新农保"）。

（一）奖扶制度并入新农保的制度基础

2009年9月1日，国务院办公厅发布《国务院关于开展新型农村社会养老保险试点的指导意见》（以下简称《指导意见》）。根据《指导意见》，新农保基金由个人缴费、集体补助、财政补贴组成，年满16周岁的农村居民可以缴费，年缴费设100元、200元、300元、400元和500元五个标准，国家相应配套给予不低于每人每年30元的补贴。个人缴费、国家补贴及其银行利息全部计入个人账户。满60岁后按月领取养老金分两部分：个人账户养老金（个人账户总额/139的计发月数）和55元的月基础养老金。2009年试点覆盖面为全国10%的县（市、区、旗），

以后逐步扩大试点，在全国普遍实施，2020年之前基本实现对农村适龄居民的全覆盖。

奖扶制度与新农保政策一样，作为国家近年来推行实施的重大民生改善工程，具有共同之处：为农村居民提供养老保障。但二者的不同在于，前者面向农村部分计划生育家庭，是针对少数农村居民的个别奖励性政策；后者面向全体农村居民，属于全民普惠性政策，前者政策受益群体从属于后者，因而奖扶制度并入新农保政策有着坚实的制度基础。《指导意见》明确指出"要妥善做好新农保制度与被征地农民社会保障、水库移民后期扶持政策、农村计划生育家庭奖励扶助政策、农村五保供养、社会优抚、农村最低生活保障制度等政策制度的配套衔接工作"，更是说明了这一点。

(二) 奖扶制度并入新农保的路径设置

1. 新制度的设计模式

根据奖扶制度和新农保政策有关政策的精神，结合实际，我们设计了奖扶制度并入新农保的路径。为便于文章说明，将奖扶制度并入新农保后的政策取名为新型农村部分计划生育家庭养老保险制度（简称"新制度"），设计最终路径如图4-1所示：

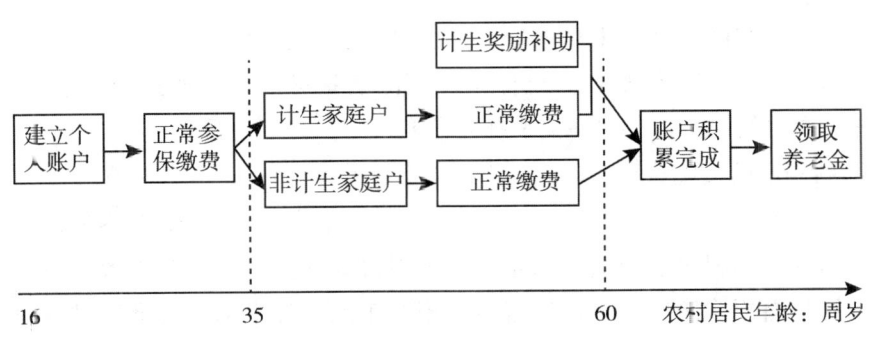

图4-1 新型农村部分计划生育家庭养老保险政策设计模式

《指导意见》规定：年满16周岁（不含在校学生）、未参加城镇职工基本养老保险的农村居民，可以在户籍地自愿参加新农保。正常参保缴费至35周岁时，我们将所有新农保的参保者分为两类：一类是符合现行奖扶制度规定的受益者生育标准的农村居民（只是尚未达到年满60岁的年龄标准而暂时不能受益），另一类是不符合奖扶制度规定的受益者生育标准的农村居民，政府对二者的缴费补贴数量区别对待：对于前者，个人缴费和政府的新农保补贴继续执行，但增加一项由政府财政支付的"奖励补助"(具体补助标准在下文讨论),奖励补助的资金也进入个人账户,以此提高其年满60周岁后的养老金水平;对于后者,继续按照新农保政策规定的个人缴费和政府补贴,年满60周岁后的受益水平按新农保政策规定的标准执行。

之所以选在35周岁,是因为一方面,这个年龄段妇女仍属于生育旺盛年龄期,同时这个年龄也是人们做出是否继续生育的决策的关键性时期,在当前,新制度有利于提高引导少生的利益导向效果;另一方面,在对新农保试点的调查中发现,45岁以下(因为参保年限要求至少15年,参保需最晚从45岁起始)农村居民参保积极性普遍不高,奖励农村部分计生户参保可以营造"早缴费、多缴费、缴足费"的氛围,提高其他农村居民参保积极性,充分保障他们老年生活所需。

2. 新制度中的奖励补助标准

当前,我国人均寿命期望为73岁,考虑到城乡差异,我国农村居民人均期望寿命为70岁左右,同时假定按现行奖扶制度每年720元的标准不变,符合奖扶制度的对象10年一共可以领取奖扶资金7200元。新制度中为符合条件的计生户从35岁开始缴费直至59岁,如果对独生子女、双女户缴费标准设为每人每年200元,以一年期银行存款利率2.25%计算,25年中其个人账户存额为6763元,两者基本持平。

因此,新制度可以对计生户实行每年200元的奖励补助标准,中央和地方分担比例可以按照现行奖扶制度的分担比例进行。各地可根据本地农村居民的年收入水平和地方财政情况,适当提高奖励补助标准。

3. 新制度的实施流程

对响应党和国家号召,符合计划生育,年满35周岁并参加了新农保的农村夫妇,由个人向村民委员会提出申请,经村民委员会初审,合格者名单公示,并报乡镇计生办再次审查、公示,合格者报县市人口计生部门批准通过,由县市人口计生部门向合格者颁发"中华人民共和国计划生育奖励补助养老证明"。村民凭"奖励补助养老证"到农保部门办理补助养老相关手续,个人账户上开始逐年按标准累计补助养老费(60岁以前是名义的)。年满60周岁,名义账户部分由中央和地方政府财政按现行奖扶制度的拨款比例规定拨款,个人开始领取养老金。

4. 新制度的责任主体及各自的责任

(1) 个人。在新制度中,个人仍有按规定缴纳养老保险费的义务,并要求按照国家计划生育政策的有关规定安排自己的生育计划。同时,符合条件的个人有权享受制度规定的高出"新农保"的养老受益标准。

（2）计生部门。向所有农村居民宣传新制度；根据"资格标准"确定35岁以上能够享受"奖励补助"的农村居民；如果35岁之后正在享受奖励补助的对象出现了超生行为，计生部门依照一定的程序取消其受益资格，通知农保部门扣除其个人账户的"奖励补助"，并按规定向超生夫妇征收社会抚养费。

（3）农保部门。职责与现有工作职责基本一致，唯一不同的是根据计生部门提供的名单，为部分具有"奖励补助"资格的农民建立"部分名义账户"，并逐年计算账户中的"名义积累资金"，对年满60岁的农民按规定标准发放养老金。

（4）纪检部门。履行类似原有奖扶制度中的监督职能，对计生部门确定奖励补助的对象进行全程监督，对擅自扩大受益对象或营私舞弊的情况进行及时纠正或查处。

三、制度转换过程中应注意的问题

（一）新制度如何避免政治风险

如果新制度仍僵化地规定受益者必须是只生育一个孩子或两个女孩的农村居民，则新制度面临与奖扶制度同样的制度风险。为了避免新制度的政治风险，建议新制度的受益者资格随人口政策的调整而适时调整：2010年至2020年，农村只生一个孩子或两个女孩的夫妇属于可以享受奖励补助的范围，2020年后将所有农村没有违反计划生育政策且年满35周岁的居民纳入新制度覆盖范围。如果计划生育政策调整，农村普遍推行"二孩政策"，则新制度的资格标准调整为所有生育数量不超过2个孩子的夫妇。更进一步，如果有一天，我国的生育政策调整到取消生育的数量限制，则新制度就演变成覆盖农村所有人口的政府补助与个人缴费相结合的养老保险制度，与现行"新农保"不同的是，政府财政补贴的标准更高。在这样一个演变过程中，新制度的生育导向作用将逐渐弱化直至消失，而对全体农村人口而言，制度的养老功能不断强化。

（二）新老制度的衔接问题

由于新制度享受奖励的对象的年龄提前至35周岁，这样就可能出现一个新的问题：现在年龄已经超过35周岁怎么办？现在已经年满60周岁的人又怎么办？为了使制度转换不影响已经开始受益的人（年满60周岁及以上）和即将受益的人（年龄在50~59周岁）的利益，建议：对正在受益的60周岁以上的农村居民，仍沿用原有的奖扶制度标准不变；对年龄在50~59周岁之间的人口，不纳入新制度，仍执行原有的奖扶制度，对符合奖扶制度资格标准的人，在年满60周岁后按奖扶制度标准受益，同时享受新农保养老金收益（如果参加了新农保）；对年龄在50周岁以下的农村居民，年满35周岁时执行新制度。

（三）新制度如何避免因受益年龄下降带来的政府财政负担过重的问题

现有奖扶制度的受益年龄是从60岁开始，而新制度规定，符合标准的农村居民从35岁开始，政府向其个人养老账户上存入"补助养老金"。由于受益的起始年龄下降，受益人数将激增，这样会给当前财政带来很大的压力，甚至政府财政无法承担。为了避免因制度调整带来的当前财政负担过重的问题，建议政府补助的部分在受益者60岁之前都只是"名义"的，相当于设立个人"部分名义账户"，受益人缴费期间可以查询账户积累的个人缴费和政府补助的所有资金数量，但不能提取，直到其满60周岁时再由财政一次性做实账户中的"名义"部分，并按照新农保的标准按月发放养老金。

四、结论与讨论

我们通过对中国未来人口发展形势的分析，认为现行奖扶制度本身存在着巨大的政治风险，如果不进行改革，届时政府可能会处于两难境地。现行奖扶制度需要改革，而且这种改革越早越好。将现行奖扶制度并入新农保政策是制度改革的一个很好的选择。

与现行农村奖扶制度相比，新制度有三个最大的优点：第一，对计划生育的导向效果更好，因为新制度的"实效性"更佳；第二，新制度的受益者资格标准是随计划生育政策调整而动态调整的，能够有效避免现行奖扶制度的政治风险；第三，随着受益者资格标准的不断放宽，新制度覆盖面将逐步扩大，直至覆盖所有农村居民。到那时，农村居民将享受普遍的、受益水平更高的养老金制度。

在当前新旧制度转换的过程中，应注意做好制度的衔接工作。为避免新制度实施之初政府的财政负担过重，可考虑通过建立"部分名义账户"来化解矛盾。同时，还要注意一些问题，如加大宣传，及时让农村居民了解新制度，支持新制度；要做好财政、计生和劳动保障等部门的职责分工，做好新制度的受益者资格认定、资金筹集、资金管理和过程监督等工作，促进新旧制度的顺利转换。

新制度的优点是它相对于奖扶制度而言具有弹性，从而避免了奖扶制度所隐含的风险。但新制度的弹性也可能带来一个新的问题，这就是早期实行计划生育的人可能会因政策调整而产生某种"相对受损感"：按照奖扶制度，农村只生育一个孩子或两个女孩的父母年老后能够受益，而其他人则不能。但如果按新制度实施，特别是当新制度随生育政策调整而调整受益对象时，原有符合奖扶制度的受益对象与制度调整后才具有受益资格的人之间的受益水平差距就会缩小。对此，原有受益对象可能会有某种程度的"相对受损感"。但与原有制度的弊端相比，新制度的不足相对而言更可容忍和更可接受。

第五章 普惠型公共政策与计划生育利益导向衔接及对比分析

第一节 两项政策衔接问题对基层计生工作的影响分析

近年来，随着经济社会的不断发展，各级政府陆续出台了一系列普遍惠及农村群众的政策，如教育"两补一免"、征地拆迁补偿、合作医疗、社会救助、最低生活保障、医疗救助、贫困救助、扶贫开发、就业培训、改水改厕、沼气应用、新技术推广等，体现了党和政府对民生的重视和农村群众的关怀，对于改善民生、促进和谐、推动经济社会又好又快发展起到了积极的作用。但由于这些普惠政策要么是彻底的普惠，要么是根据个人经济条件进行筛选，基本没有考虑受益人是否符合计划生育基本国策，已经一定程度上出现惠民政策与计划生育政策的导向不一致。

综合我国不同省市基层的调研报告，主要的问题集中在：以种植面积（养殖头数）为单位补助和按人头进行补助的普惠政策未能体现对计划生育家庭得优先优惠，人口多的家庭得到的实惠多，人口少的家庭得到的实惠少，客观上形成了"多生多受益，少生少受益"的偏向。另一方面，目前国家和地方出台的计划生育奖励优待政策普遍标准比较低，有的兑现还难以到位（如每人每月 10 元的农村独生子女保健费），远不如其他普惠政策现实和实惠（以农村居民子女教育方面的政策为例，云南省 2008 年农村独生子女义务教育奖金标准仅为 160 元/人每年，初中 260 元/人每年；而新推行的"两免一补"政策，对符合其条件的超计划生育的孩子，则同样补助小学 634~690 元/人每年，初中 914~1120 元/人每年）。二者共同作用的结果，是普惠政策与计划生育基本国策之间形成导向冲突。[1]

普惠政策无论在资格条件还是享受标准上一律"一视同仁"，没有体现对计生

---

[1] 云南省人口计生委，人口与计划生育相关惠民政策座谈会交流材料，统筹协调相关惠民政策与计划生育基本国策 [C]，2009.

家庭的优先优惠和区别对待，使得计划生育利国利民的观念受到冲击。按人头执行的普惠政策最直接的效果是使多年倡导的"计划生育利国利民"、"少生快富"、"少生优先幸福一生"等观念受到强烈冲击。特别是在一些经济社会发展滞后地区，多年宣传倡导的这些观念在基层干部和广大人民群众中产生动摇，从而使得国家计划生育基本国策地位受到削弱。

(一) 普惠政策一定程度上刺激了群众的生育意愿

按"人头"分配的普惠政策，不仅没有体现计生家庭的优先优惠，反而对多子女家庭实际上更加"优惠"。在农村义务教育或者城郊征地拆迁政策中，这一现象更为突出。一些地方征地补偿费高达人均十几万，客观上鼓励生育，挫伤了实行计划生育群众的积极性，客观上形成"守法者吃亏、老实人吃亏"的状况，存在鼓励违法生育、造成违法多生育反弹的隐患。

(二) 普惠政策使计划生育利益导向政策力度相形见绌

与其他普惠政策相比，计划生育利益导向政策投入力度弱，覆盖人群少，设定标准低。以农村最低生活保障为例。先于农村最低生活保障制度实施的计划生育奖励扶助政策实际上是一种替代性的农村社会保障制度，但农村最低生活保障制度，从保障标准和覆盖面，都显著大于计划生育奖励扶助制度。以河北省为例，2009年1月起该省人均保障标准为1000元/年，到年底达到1500元/年，大大高于计划生育奖励扶助金（720元/年），而且是即时可得，没有60岁以上的限制条件。从覆盖面来看，该省已经享受农村最低生活保障待遇的人数达170万人，而计划生育奖励扶助制度只覆盖到14.6万人[①]。

普惠性政策与计生利益导向政策出现不协调的主要原因是：

一是各级相关部门之间信息沟通工作协调机制不健全。人口和计划生育工作是一项综合性强、涉及部门多、社会影响面广的系统工程，齐抓共管，各方配合是其工作性质的必然要求。然而，相关部门在制定惠民政策时，缺少与计生部门相互沟通、征询意见、交换信息的主动性，制定政策往往是站在本部门利益或本系统利益的层面上，免不了会出现"国家利益部门化"的扭曲现象。一般来说，县级计划生育兼职委员单位多达20个，基本上包含了政府绝大多数部门。多数情况下开展工作是各自为政，协同作战也仅限于各种专项活动，或年终人口目标管理责任制考核。各相关部门在制定惠民政策时，一般仅同与政策出台有直接关系部门沟通或交

---

① 河南省人口计生委. 2009人口与计划生育相关惠民政策座谈会交流材料，建立协调机制落实惠民政策-加强计划生育利益导向体系建设 [C]，2009

换意见。因此，在惠民政策受益对象选择上就会出现偏差。计划生育作为基本国策不仅仅是人口和计划生育部门的工作，但许多相关部门在研究和制定与计划生育政策有关的惠民政策时，没有征询或约定人口和计划生育部门参与其中，致使计划生育工作出现了"国家义务部门化"的怪异现象。

二是惠民政策缺少利益导向公共评估体系。惠民政策也是一项综合性工程，由于缺乏利益导向公共评估体系或平台，各部门实施的惠民政策在利益导向上存在不一致，在政策实施的过程当中，受益对象与各部门的行政管理对象往往是同一个体。可能出现一方面当事人在计划生育问题上受到处罚，但在另一部门中却得到较大实惠的尴尬局面。

第二节　普惠型公共政策与计划生育利益导向政策矛盾根源分析

从长期来看，惠民政策和计划生育的最终目标是一致的。但从当前来分析，产生矛盾的根源是我国计划生育的特殊性，在此基础上的直接原因则是多方面的。

一、两项政策矛盾根源分析

（一）政治因素：国家大局是稳定压倒一切，而计生政策的落实还离不开必要的强制措施

改革开放以来，党中央非常重视社会稳定问题。特别是党的十六大提出建设社会主义和谐社会以来，维护社会稳定的举措和要求更是体现在各个方面。在这种情况下，人口计生部门不仅不例外，而且还由于计生工作多有行政强制措施，且时有群体性矛盾激化事件发生的原因而成为维护社会稳定的重点领域之一。在此情况下，人口计生部门，特别是基层干部在实践中就遇到了很多现实矛盾，最明显的是征收社会抚养费和长效节育措施的落实。

（二）发展因素：共同富裕和构建和谐社会要求惠民政策必须惠及全体人民，而计划生育的理念是违法生育者应受到多方面的限制

共同富裕就是使广大人民群众充分享有社会发展带来的成果。构建社会主义和谐社会的基础是社会公平，前提是合理的社会结构，就是要有一个相对均衡的利益分配格局。在这个前提下制定的惠民政策，必然涵括所有公民，当然也包括违法生育家庭。而计划生育数十年来严格的行政措施成为有效的制约手段，甚至过激的办法也为政府所默认。在这个过程中，一些计生部门逐步形成了"对违

法生育者怎么限制都不过分"的思想认识。这样，违法生育家庭与计生家庭同等享受了惠民政策的利益，不仅影响到计生政策的落实，也损失了部分人口计生干部和计生家庭的感情，对生育政策造成负面影响。

（三）认识因素：国家层面注重社会公平，而人口计生方面注重计划生育公平

随着经济的发展和社会的进步，国家对社会公平的重视程度越来越高，构建社会主义和谐社会、落实科学发展观、城乡一体化发展等无不体现着这一理念。在此理念指导下制定的以改善民生为本的惠民政策更是以社会公平为基本准则。在当前的社会历史条件下，违法生育这部分人口当然不会排除在这个基本准则之外。但从人口计生的角度认识，惠民政策单纯以人口作为分配依据，客观上形成了多生多受益，少生少受益的事实，对计生家庭就是一种不公平。这种认识上的差别和计生奖励政策比较效益相对降低的情况，使得两者矛盾进一步显现。

（四）矛盾转化因素：上世纪人口增长快，人口压力大，是经济社会发展的主要矛盾之一；而现阶段人口压力相对降低，社会公平、"三农"问题和社会保障等问题重要程度上升并成为优先领域

新中国成立后的三次生育高峰将人口问题推到了至关重要的位置，控制人口增长在党和国家的决策中占有举足轻重的地位，并被确定为基本国策。近四十年来，在各方的不懈努力下，妇女生育水平降到了更替水平以下，实现了人口再生产类型的根本性转变。而且，近年学者们的研究证明了我国超低生育水平已显露端倪，由此产生的后果已不得不引起国家和有关部门的高度重视。因此，不可否认，我国人口过快增长的压力已经相对减轻，而社会公平、"三农"问题和社会保障等问题的重要程度显著上升并成为优先领域。

（五）政策本身因素：国家惠民政策决策层次高，保障性强，而计生奖励优惠政策决策层次相对较低，保障性差

国家惠民政策与计生奖优政策既有共同之处，也有很多差异，最重要的差异是惠民政策的决策层次高，制度建设为主，保障性强，资金支持力度大；而计生奖优政策层次相对较低，优惠形式以奖励为主，因而保障性不强，资金支持力度也较小。这就形成了两种政策效用上的差别，也就出现了惠民政策对计生奖优政策的"淹没"效应。

二、解决的思路与对策

（一）局部服从全局

首先，现阶段，社会稳定、和谐社会、保障民生、农村发展等是社会发展的优先领域，是国家大局，其他领域应当服从和服务于这个大局。这种情况下，并不是人口问题不重要了，而是在计生政策落实的方法上要改变，要适应新形势的需要；其次，现行惠民政策既有利于农村经济的发展，也有利于人口的发展。而对具体的计生工作，近期在某些方面有些影响，但总体上、长远上也是有利的。因此，要主动适应和调整在农村新的社会经济环境下的计生工作；最后，"以人为本""全民富裕"理念要高于"严格落实计划生育政策"理念。因此，以重点扶持贫困家庭（包括违法生育的贫困家庭）的各种国家普惠制度和政策符合社会发展的大方向。因此，应当以理性的态度将工作重点放在如何消除负面影响上。

（二）保持低生育水平的稳定

惠民政策与计划生育间存在的矛盾，最根本的一点是要看其对稳定低生育水平的影响程度，如果生育水平因此有升高趋势（包括全国或一个地区），就应当高度重视，采取措施，有效解决。而如果生育水平没有升高趋势，则可采用比较缓和的方法。同时要高度重视超低生育水平的不良后果，在保证生育水平不大幅反弹的同时，也要注意保持生育水平不再下降。

（三）注重惠民政策与计生政策的衔接

首先，惠民政策与现行计生政策有直接的规定性、条文性矛盾的，应以执行计生政策为主，保持政策的连续性、稳定性和严肃性；其次，现行和今后的计生奖优政策应以补偿性和保障性为主，强化对某个时间以前的计生家庭的补偿力度，弱化对新生计生家庭的优惠力度；最后，要加大计划生育优惠的投入和力度，提高计生奖优政策的效应。

第三节 农村计生特扶制度与最低生活保障制度对比研究

一、农村计生特扶制度及动态变化

自从1982年"计划生育"被定为我国的基本国策以来，中国政府及卫生、计生和民政等相关部门时刻关注着我国计划生育家庭的生活水平与生活质量，并不断出台和试点新的公共政策，从而维护计划生育家庭的总体利益。以独生子女伤残死亡计划生育家庭特别扶助制度（以下简称计生特扶制度）为代表的计划生育"两项制度"便是其中具有代表性的计划生育帮扶性政策。2002年，《中华人民共和国人口和计划生育法》中明确提出"独生子女发生意外伤残、死亡，其父母不再生育和收养子女的，地方人民政府应当给予必要的帮助"，并指出各地区结合自身社会、经济发展水平制定相应的实施办法。根据新计划生育法的要求，我国省市自治区，在地方新修订的《人口与计划生育条例》中提出了对"独生子女意外伤残、死亡，其父母不再生育和收养子女的家庭给予特别扶助"的具体政策。例如：北京市和黑龙江省规定，对父母年满49周岁的计划生育特殊家庭，参照本地区人均收入和消费水平给予一定金额的经济帮扶；内蒙古自治区的政策中，对父母年龄则没有具体限制，只要是符合条件的家庭即可获得一次性扶助资金；河北省规定独生子女死亡或被鉴定为三级以上的残疾，其父母不再生育和收养子女的，从女方年满49周岁起，给予每人每月不低于200元的特别扶助金；安徽省规定终身无子女或领取独生子女父母光荣证后子女死亡不再生育的职工，按100%发给退休金。山东省实施的办法是：独生子女不幸死亡、无收养其他子女，且享受最低生活保障的家庭，给予高出最低生活保障线1/3的贫困补助。① 但这一时期仍然是由各省市自治区自行制定、实施针对独生子女伤残或死亡家庭的扶助政策，国家对扶助方式与方法、扶助的标准制定、扶助对象的选择与界定、国家财政和地方财政扶助资金的支付方式等方面并未作出明确的规定，从而致使在一些经济较为贫困的县市地区，该项政策基本处于形同虚设的状态或因为扶助标准过低而未起到该项政策的预期作用。

2005年底，中共中央国务院颁布的《中共中央国务院关于全面加强人口与计划生育工作统筹解决人口问题的决定》再次强调要"积极探索建立独生子女伤残死亡家庭扶助"、"对符合社会救助条件的计划生育家庭，通过城乡最低生活保障、医疗救助以及农村五保户供养、特困户生活救助等制度予以帮助"。2007年，国家人口计生委、财政部联合印发了《全国独生子女伤残死亡家庭扶助制度试点方案》，要求从2007年开始在我国东、中、西部10个省（市）开展计划生育家庭特别扶助制度试点工作，对"独生子女死亡后未再生育或合法收养子女的夫妻，由政府给予每人每月不低于100元的扶助金，直至亡故为止；独生子女伤、病残后未再生育或收养子女的夫妻，由政府给予每人每月不低于80元的扶助金，直至亡故或子女康复为止"。该项制度于2008年下半年在全国普遍推行实施。

计生特扶政策充分体现了我国政府对计划生育家庭生活水平与生活状态的热切关注与关切关怀，切实反映了我国政府执政过程中"以人为本"的根本宗旨。

---

① 以上地区政策内容均来自相应地区《人口与计划生育条例》或类似文件。本文以下内容中涉及政策内容和实施细节部分，均来自相关政府文件，不再另行备注。

二、农村最低生活保障制度及动态变化

根据相关资料显示，1995年我国财政部、民政部及劳动与社会保障部等相关部门便着手开展农村最低生活保障制度建设的工作，并在沿海城市和一些省会城市所辖的农村地区首先设立了农村最低生活保障制度试点。2003年我国的民政部门对农村最低生活保障制度进行了政策导向调整，一些财政较为困难的中西部省市便因此终止了本地区对农村最低生活保障制度的探索，所以造成了部分地区政策覆盖人群的大面积下滑，尤其是我国中西部地区不再被民政部要求实行最低生活保障制度，只在沿海发达地区和大城市郊区保留了这一制度。北京、上海、天津和浙江、广东、江苏、辽宁、山东、福建等省份还开始着手建立以农村低保制度为主的城乡一体化最低生活保障制度。直至2007年，随着国家对农村最低生活保障制度的再度大力倡导和较为详细成熟的制度指导内容出台，农村最低生活保障制度才开始在全国范围内推广并建立实施体系，我国农村最低生活保障制度的覆盖面得以快速增长——当年纳入到农村最低生活保障制度范畴内的人群出现大幅度增长，年增长率达到123.9%，标志着我国社会经济的和谐发展进入了一个崭新的时代。我国各省市自治区在2007年开始全面推行该项政策的时候纷纷投入了强大的力度和热切的关注，使得最低生活保障政策施行初期便将较大规模的人群直接纳入了政策范畴，此后各地政府采取查遗补漏的方式稳定并逐步扩大该项制度的覆盖面。2008年农村最低生活保障制度的覆盖人群增长速度降为20.7%，但绝对覆盖人数增长了近800万人。① 由于历史原因，我国农村救助制度不仅仅包括最低生活保障制度，还有五保户制度和特困户等其他救济制度，所以享受救助制度的人群要大于最低生活保障制度的覆盖人群。以上资料中我国农村最低生活保障制度覆盖面的变化轨迹可以说明一个问题——我国社会救助制度的开展基本以政策意志为主导，国家政策是推进制度建设的主导力量。

农村最低生活保障制度实施的最大瓶颈是扶助资金的来源，而农村低保的筹资责任在政府。1996年民政部下发的《农村社会救助制度建设指导方案》明确规定，农村低保资金主要由当地各级财政和村集体分担，其中村集体分担的经费从公益金中列支。从各地的实践来看，大多数地区的农村低保资金的筹集是由县（市、区）、乡镇、村三家分担。但是，近年来由于税费改革，农业税的取消导致许多地区的乡镇和村集体经济的资金来源极为匮乏，根本无力承担农村低保的资金供给任

---

① 以上统计数据均来自相应地区当年"政府公报"与"政策文件汇编"。

务。于是，一些地区的低保资金开始转而由县乡两级承担，并由各级人民政府列入财政预算，实行财政分级负担。为了进一步保障低保资金的供给力度，还有些省份将以县、乡（镇）、村为主的筹资模式转变为省、市、县为主。比如辽宁省，2005 年用于农村低保的资金总计 2.54 亿元，其中由农业税费改革转移支付中切出的"特困户救助金"为 1.62 亿元，市、县（区）财政列支农村低保专月资金 0.62 亿元，省财政补助农村低保资金 0.3 亿元。

在管理机制与效率上，由于农村最低生活保障制度涉及面极广、工作量极大、政策性强，主要按照"政府负责、民政主管、部门配合、基层落实"的工作机制，实行政府负责制全面实施农村低保制度。政府制定所属地的农村低保工作具体实施方案。民政部门负责具体工作的实施，发挥职能部门的主管作用，建立健全各项制度。财政部门负责低保资金的落实。监察、审计部门建立低保资金使用管理的监督检查相关制度。农办、统计、物价等有关部门密切配合，各负其责做好各项工作。针对资金监管问题，大多数地区都制定了相应的制度严格管理低保资金。要求县市、乡镇、街道示建立农村低保资金专门账户，农村低保资金全部纳入专门账户，实行专门账户管理、专款专用，确保资金每月按时足额发放。农村低保资金财政专门账户年终如有结余，可结转下年度继续使用。为了避免非救助对象对制度资金的侵蚀，在资金的申请程序上也作了严格规定，各民政部门会同财政、审计等部门对各乡镇资金的管理及使用情况，定期进行检查、监督。从而很大程度上保障了低保人群的利益，同时防止行政人员在管理过程中出现腐败现象的发生，进一步体现了收入再分配的社会救助功能。

农村最低生活保障制度并不单单是一项扶弱济贫的单纯的社会救助制度，它有着救助贫困人口、实现社会公平正义等重要意义。同时，该政策对就业的正向激励、劳动者素质的提高、政府执政能力的提高也有着积极的影响。

三、计生特扶制度与最低生活保障制度动态变化对比

相对于计生特扶制度的覆盖范围仅仅是计划生育特殊家庭，最低生活保障制度则适用于所有公民。将农村最低生活保障制度作为普惠型公共政策的代表性制度，与计生特扶制度进行对比有助于明确计划生育利益导向政策与普惠型公共政策之间的共性与差异，为两项政策的衔接研究提供案例支持。那戈尔将公共政策研究定义为：为解决各种具体社会问题而对不同公共政策的性质原因范围及效果的研究。[①]

---

① S.S. 那格尔. 政策研究百科全书 [M]. 北京：科学技术文献出版社，1990.

因此，可从制度标准、制度覆盖人群、制度申领程序、制度施行效果四个方面对农村最低生活保障制度与计生特扶制度进行对比，具体如下：

（一）制度标准比较

作为奖励与保障性公共政策的代表，计生特扶制度与最低生活保障制度的施行标准与覆盖人群是作为政策受众的公民关注的首要问题。表5-1中以湖北省武汉市为例，选取了2008-2014年武汉市计划生育家庭特殊扶助标准与同一时间段农村最低生活保障制度标准数据，对照武汉市历年GDP的变化趋势，进而凸显上述两项制度扶助标准之间的差距。

表5-1　　2008—2014年武汉市GDP变化情况与两项制度标准对比

年份	GDP		计生家庭特扶标准		最低生活保障标准	
	GDP（亿元）	GDP比上年增加（%）	计生家庭特扶（元/月/人）	比上年增长（%）	农村最低生活保障（元/月/人）	比上年增长（%）
2008	4115.51	28.23	102		264	
2009	4620.86	12.28	120	0.18	310	0.17
2010	5565.93	20.45	135	0.13	360	0.16
2011	6762.20	21.49	165	0.22	450	0.25
2012	8003.82	18.36	210	0.27	450	0.00
2013	9051.27	13.08	400	0.90	518	0.15
2014	10069.48	11.24	400	0.00	560	0.08

注：表中计生家庭特扶标准为子女死亡情况标准，社保制度标准为中心城区所辖农村社保标准，特此说明①

表1中数据显示，武汉市GDP近年来以超过10%的平均速度逐年增长，2008年与上年相比增长幅度达到28.23%，并在2014年首次超过了10000亿元，彰显了武汉市城市经济发展的强大实力与巨大潜力。与此同时，计生特扶制度标准和农村最低生活保障制度标准随着武汉市经济建设提升也在逐年提高。

自2008年国家人口计生委启动计划生育特别扶助制度开始，制度要求对女方

---

① 表1中GDP数据来自《武汉市统计年鉴（2015）》，政策标准数据来自武汉市财政局、卫生与计划生育委员会的历次政府文件，特此说明。

年满49周岁的失独家庭父母按每月100元标准予以资金扶助，2012年将扶助标准提高到135元/月。武汉市结合自身经济发展状况，在制度的实际实施过程中由城市财政部门给予适当补贴，将武汉市的计生特扶制度补助标准进行了一定程度的提升，并且在自身经济快速发展的前提条件下将该项制度的扶助标准逐年提升，从2008年的每人每月102元提升到2009年的每人每月120元，提升幅度接近20%。值得注意的是，武汉市在2010年便提前达到了国家制度要求中2012年的补助标准135元。尤其是2013年直接从2012年的每人每月210元提升到400元，增长率达到了90%，提升幅度居历年之首。而农村社会保障制度也自2008年以来逐年递增，从每人每月264元提升到310元，增长17%，2011年从2010年的360元提升到450元，提升幅度达到25%，到2014年武汉市农村社会保障制度的补助标准已经增长到每人每月560元。

但是，从表中数据依然可以看出，虽然除2013年以外，上述两项制度的增长幅度相差不大，基本在3个百分点之内，但是在具体的扶助标准上以农村最低生活保障制度代表的普惠型公共制度的补助金额一直高于计划生育家庭特扶制度的标准，且每人每月的补助标准差距基本都在100元以上，最大差距在2012年，两项制度扶助标准相差240元，超过了当年计划生育家庭特扶制度补助金额；而且农村社会保障制度大部分年份的提升幅度也大于计划生育家庭特别扶助制度标准的提升幅度，几乎每年都是以超过30%的幅度在提升。由于最低生活保障标准提升幅度远大于计生家庭特扶标准，导致我国公民对计划生育利益导向政策的认可程度不断下降。

(二) 申领资格比较

申领资格的限制将直接影响到公共政策的覆盖范围，决定政策的受众群体数量，从而影响到制度的施行效果。上述两项制度的申领资格有着显著的差异，计生特扶制度申领资格限制较多，在申领人的年龄，家庭组成，子女数量，独生子女状态等方面都有着严格要求。国家计生委相关文件中明确说明，我国居民需要满足三个条件才可以领取计生特扶制度的补助：

扶助对象夫妻应于1933年1月1日之后出生且女方应不低于49岁；

夫妻双方只生育一个子女或者合法领养一个子女；

家庭当前无存活子女或子女被依法鉴定为三级以上残疾。

由于以上条件较为严格，满足条件的家庭相对于家庭总数较少，因此获得制度收益的人群并不广泛，制度影响幅度与力度有限。

相较而言，获取最低生活保障制度的资格条件就比较简单，作为普惠型公共制度，其目标就是在公民中全民推广，让所有公民享受到政策优惠，受众群体极为庞大。由此可见，与普惠型公共制度的资格条件相比，计划生育利益导向制度资格条件限制过多，在某种意义上伤害了计划生育家庭计划生育行为的积极性，使民众没能体会计划生育制度的优惠性和便利性，弱化了计划生育利益导向制度的诱导的作用。①

同时，普惠型公共制度，具体表现为一系列重要的社会制度和利益分配机制，以公共服务均等化为原则，以减轻民众负担、提高人们生活水平、提升人们生活幸福指数为目标，主要体现的是"以人为本"的理念，而且追求"普遍公平"和"社会正义"是其根本的价值诉求。而计划生育利益导向制度针对的是满足计划生育条件的个人或家庭。计划生育利益导向制度目的在于使家庭和个人由于实行计划生育而导致的家庭利益损失能够得到相应的补偿，使计划生育行为得到褒奖与激励，进而削弱我国民众对多子多女的传统追求和对男性后代偏好的落后生育观念，增强人们实行计划生育行为的主动性和自觉性，按照国家相关的生育制度规范自己的生育行为。计划生育制度主要针对的群体是计划生育家庭，强调的从来都是照顾、优惠、利益倾斜和优先分享。因此，两种政策在制定过程中的出发理念与利益诉求便存在着差异，相比较于普惠型公共制度，计划生育利益导向制度实施的目标人群更少，目标对象的覆盖范围更加狭窄。而普惠型公共正策与计划生育利益导向制度的施行标准也有着很大的差异。

（三）申领程序比较

公共政策的申领程序直接决定了公民享受该项政策的成本，以经济学视角分析可知，政策获取成本越大，民众对该政策的积极性便越差。因此，申领程序是否科学合理，也是评价一项公共政策的关键指标之一。由于计生特扶制度与农村最低生活保障制度都是国家直接指定下发的公共政策，所以各地的具体申领程序基本大同小异。

以湖北省武汉市为例，武汉市城乡最低生活保障扶助的申请只需要符合条件的家庭户主向户籍所在地的社区居民委员会提出书面申请，提供有关证明材料，并接受居民委员会的核实调查；街道办事处在接到社区居委会的申请材料后在居民所在地进行5天公示；公示无异议则由街道办事处将申请材料连同公示意见上报区民政部门；区民政部门审核之后，在居民所在地进行第二轮5天公示，公示结束无异议

---

① 本节文中所述制度的申领资格与申领程序相关内容均来自《武汉市城乡最低生活保障制度实施细则》与《武汉市计划生育特殊扶助制度实施细则》中相关内容。

便可发放最低生活保障金领取证和存折。全部申请过程基本在30天内有结果，且主要是公示过程，不会对居民生活本身造成较大影响。

与武汉市城乡最低生活保障制度相比，在武汉市计生家庭特扶制度申领过程中，申领程序繁琐，涉及各级部门审批确认步骤较多，申领持续时间较长，且申领时间限制较大，每年受理居民登记申请的时间仅为1月1日到3月31日。计生家庭成员需要向户籍所在地的村（居）民委员会提交计生家庭扶助申请表，并提供身份证明、户籍证明、婚姻状况证明、已有子女状况声明等证明材料（其他如子女死亡、子女残疾、居民出生日期早于1933年1月、离婚、丧偶等情形者还需提供其他相应证明材料），居委会在收到申请材料之后依次上报街道办事处、区人口计生委、武汉市人口计生委，经过两轮张榜公示之后（每轮公示期为10天），若公示期满无异议，则报武汉市财政部门，并向街道办事处通报确认后的扶助对象名册，由街道办事处负责向扶助对象送达《计划生育家庭特别扶助发放证》（简称《发放证》）。整个申领过程大致需要60个工作日才能完成，且中途会有不定时的抽查核实环节，容易对申请家庭的时间安排与正常生活造成较大的消极影响。

对比上述两项制度的申请程序，不难看出农村最低生活保障制度的申请程序简单快捷，除申请初期由居委会进行相关情况核查之外，主要为公示过程，对于申请居民的正常生活影响较小。而计生特扶制度不但申领资格的限制条件较多，受理时间僵硬，而且申请过程繁杂冗长，导致群众对该制度补助申请的积极性不强，甚至部分符合条件的家庭放弃提供的优惠补助。

（四）制度效果比较

计生特扶制度在具体施行过程中，各项限制条件与资格审查机制极大地影响了制度的施行效果与民众满意度。以两项制度的年龄限制为例，计生家庭特扶制度规定申请家庭的夫妻应于1933年1月1日之后出生且女方应不低于49岁，而农村最低生活保障制度的申请条件基本没有年龄限制，只要家庭实际生活环境符合基本条件就可以申请。仅仅从年龄规定上，便可以看出居民可以享受两项制度的年限差异。

而且，当家庭中女方达到49岁之后基本也就失去继续生育的可能，尤其在农村家庭养老模式依然占据主要地位，随着夫妻双方的年龄逐步增长，自身劳动能力也随之下降，如果没有下一代履行赡养义务，进入老龄的夫妻基本上是无法保障稳定的晚年生活。按照我国当前计生家庭特扶制度的相关规定，生育年龄范围内家庭在失独或独生子女发生意外之后，几乎没有相关的优惠或者补助，必须等到女方达到绝育年龄之后才可以申请领取计生家庭特扶补助。在此之前与非计生家庭相比没有明显差别，导致了计生家庭对计生特扶制度的认同感不足。因此，部分育龄范围内的农村特扶计生家庭会放弃计生家庭特扶补助，选择生育第二胎来保证家庭的延续性与保障自身的晚年生活。而且，如果因为生育行为导致了家庭生活水平的下降，部分家庭还可以通过申请农村最低生活保障制度领取补助，从而进一步削弱了计生家庭特扶制度的贯彻力度与施行效果。

四、结论

结合以上所述的数据和制度内容对比分析，农村最低生活保障制度与计生特扶制度的差别主要体现在：计生特扶制度的目标人群较为狭窄、制度扶助标准相对较低、对家庭情况的改善作用较小、申领的条件限制较多且严格、受理时间僵硬且周期冗长、申领程序繁杂、申领过程对家庭正常生活影响较大等方面，使得民众对该项制度的认可程度较低，影响制度的施行效果。

第六章　普惠型公共政策与人口利益导向政策协调机制研究

第一节　福利政策的经济学理论分析

"福利"这一概念最早是出现在西方古希腊罗马时代，指"美好的生活"。柏拉图在《理想国》中称福利为一种总体性的概念，他认为理想国度中所有人都应过上衣食无忧的生活，使全国作为一个整体获得幸福。现代学界研究中，韦伯斯特认为福利是"健康、幸福和舒适的良好状态"。马歇尔也提出福利应是"状况良好、幸福的体验"。此外，很多西方学者也提出过他们对福利的理解和认识。综合起来看，学者们普遍认同福利除了包含维持生存的基本保障外，还包括使国民获得幸福感的高层次供给，是否获得了"幸福"和"满足"更需要民众自己的主观体验和认知来肯定。俾斯麦创立了世界上第一套福利结构和社会福利项目，自此社会政策就被认为是国家建设、政治统治、社会控制，维持社会秩序、效率和政权合法性的重要工具。福利政策可行与否，取决于所产生的社会福利增加与成本之间的比较。若带来的社会福利超过社会成本，则可推行，更进一步的是如何用最少的社会成本换取最大的社会福利增进，这是福利政策考量的核心问题。西方国家的福利政策发展比较早，社会福利理论渊源深厚，福利政策的演进脉络也复杂曲折，它起源于非政府的慈善事业，而逐步发展成为现代政府财政为主导的公民福利制度，其价值预设也体现了从慈善救济的人道主义到公民权利的转变。通过对西方国家福利政策演变的研究分析，可以更好地了解我国当前社会发展水平下如何完善福利政策。大体可以把西方的社会福利政策模式划分为剩余型、制度型和发展型三个层次。

剩余型福利只是针对穷人提供的有限的慈善性的物质援助，认为政府应自由放任，只要顺应潮流发展就能实现社会福利的最大化，家庭和市场才是满足个人需求的自然渠道，如果个人的福利没有得到改善，那主要是个人原因造成的，政府不应对此负责。但是当发生诸如家庭解体、较大范围内的经济萧条或者个人年老、疾病等家庭和市场不能满足个人正常需求的特殊情况时,就需要作为满足个人需求的第三种社会机制即社会福利制度的介入。当通常的机制恢复正常以后,这种福利救助就会撤回。所以,这种机制常常被看作是家庭和市场的支持系统,起到支持和防止意外的作用。剩余型福利的局限性在于它把福利仅仅当作是对穷人提供的服务,只是保障他们能活下去而已。这种观念之下,福利由国家或者慈善组织提供,其性质更像一种施舍,而非基于国家义务或者百姓权利的讨论。国民更倾向于将这种福利的供给视作某种"恩赐",而不是自身权利的实现;他们也更愿意将自身境遇归结于命运和自我原因,而非国家和社会的责任,福利的接受者也往往被认为是社会的弱者或者是市场竞争中的失败者,因接受国家或慈善机构的帮助而感到羞耻①。虽然剩余型福利存在诸多弊端,但在当时的社会背景下,也起到了积极的作用。

制度型福利认为社会福利不是在家庭和市场不能满足个人需求时才介入的,而是现代社会结构中常规化的、永久性的、必需的而且值得称赞的重要组成部分,是一种不同于自由市场和家庭的实行再分配的利益机制。政府在该模式中扮演十分积极的角色,通过制度化的政府力量使社会成员得到更为全面的保障。福利的对象从弱势群体扩展到社会全体公民,社会福利的接受者也不再被视为社会的弱者,福利也不再被视为是施舍而是公民的一项正当社会权利。在西方资本主义国家,工业化进程导致了环境的恶化,市场经济不能保障人们得到基本的医疗、教育和住房条件的满足,20 世纪 30 年代的经济大危机彻底宣告了自由放任主义的失败,催生了凯恩斯主义。为了使生产力更具动力和持续性,人们要组织起来,以集体的形式来共同分担风险与不幸,而这个风险的分担经常是由国家来规划,有时候通过投资的形式来完成。国家在社会福利中充当着主导地位。

制度型福利的实施在当时取得了可观的社会效果,一方面通过政府的税收以及再分配政策,减少了分配不合理,缩小了社会贫富差距,维护了社会的稳定,有利于增强社会发展所需的凝聚力。另一方面推动了福利思想以及福利权利观念的普及,对福利接受者来说,福利权利运动改变了他们的心理和行为,在申请福利援助时不再感到卑微和乞求,从而变得有自尊。此外,福利水平的提高,以增加工资最低的工人的购买力,起到刺激经济发展保持社会持续繁荣的作用。到 20 世纪 70 年代,西方经济陷入滞胀局面,经济发展减缓,通货膨胀,失业率居高不下,企业盈利下降,政府财政困难加重,预算赤字连年扩大。在这种情况下,社会福利保障也

---

① 《中国社会保障制度总览》编辑委员会. 中国社会保障制度总览 [M]. 北京:中国民主法制出版社,1995.

成为这些国家沉重的包袱。"福利国家"陷入危机，表明一个国家较强的竞争能力是无法与维持社会福利国家庞大的负担相协调的。首先，国家社会福利开支大、负担重，造成政府财政赤字的增加。另一方面，过高的社会福利开支，最终只能通过各种税收转移到生产成本上去，而生产成本的提高，必然影响产品的竞争力。尤其经济全球化的发展，加剧了产品和服务的大批量流动，引起了空前激烈的价格竞争，使福利国家的企业在国际竞争中处于不利地位。企业获利能力的降低，使得原本热情高涨的企业主尽量减少雇佣的人数，就业机会减少，失业人数增加，随之而来的是失业保障费用的增加，并形成失业保障和就业之间的恶性循环。此外，随着信息产业的发展，生产方式由传统的劳动密集型向技术和知识密集型转变，劳动生产率大大提高，这必然产生了越来越多的剩余劳动力，但是传统工业部门裁减下来的工人由于专业技术能力的缺失，很难再就业，又进一步加重了财政负担。第三，广泛的社会福利制度，给纳税人带来沉重的负担，特别是高额的累进税制严重削弱了投资者的热情，影响了经济的发展。最后，这种从"摇篮"到"坟墓"的高福利、高补贴社会保障体系增加了个人对国家和社会的依赖，使整个社会缺乏活力。这一模式在西欧各国造就了一批寄生于该制度的"享利"阶层，他们依托于既得福利，不愿意积极寻找工作，逃避生活上的各种压力。① 这一阶层的存在破坏了福利制度建立的初衷，产生了"奖懒罚勤"的消极社会后果，削弱了个人的进取和自立的精神。

发展型福利强调个人责任的重要性，鼓励个人要在取得福利受益资格的同时履行个人职责。发展型福利是在经济全球化背景下产生的一种积极的、主动的社会福利模式，它是在维护社会公平，满足人们生活需要的同时促进经济发展的社会福利体系。作为"第三条道路"的倡导者，吉登斯提出建设一种能增强社会包容性，但又不限制个人对自己风险的责任，鼓励个人积极创造的积极性福利制度的改革方向。主张不承担责任就没有权利可享，福利既是每个人的权利也应是每个公民的责任和义务，当享受的福利不断增加时，个人的责任和义务也应该不断地延伸。而且每一个公民仅仅具有对社会负责的意识是不够的，他还应该具备对社会及个人负责的手段和技能。相应转变"福利国家"为"社会投资型国家"，通过改变福利国家开支的方向，将福利消费支出，改为教育、培训、创造就业机会等社会投资支出，

---

① 朱燕. 西方国家社会福利政策变迁及其对我国的启示 [D]. 南京：南京师范大学，2008.

从而提高国民素质和技能水平。① 国民的责任意识和履责能力提高，企业活力受到激发，政府的负担得以减轻，三者彼此协调，才能在积极互动中实现发展。这一过程中，政府不能操办一切，而是应转变就业机制，变被动的恩惠式福利为主动进取式的福利；变事后补救型福利为事前预防型福利；变生活福利为工作福利。在这种意义上，福利国家不仅意味着社会支出，也意味着积极进行培训和教育的社会投资。

发展型社会福利政策的实施从目前来看主要体现在两个领域：

多元福利模式。相对于福利国家体制和新自由主义主张的私人福利体制两个极端而言，多元福利模式下政府在整个社会福利体系中仍然扮演最主要的角色，承担最基本的责任，但同时其他各类组织和个人也以制度化的方式参与社会政策行动，并在其中分担责任。引入市场化机制，政府不再是唯一的福利供给者，尤其强调增加个人的责任，将部分福利机构转化为私营。如医疗保健体制，就要求逐步建立国家与市场相结合的体制。国民也不再是无条件的福利享受者，通过相应的付费机制，一方面体现受益者的个人责任，并约束其福利需求；另一方面也增加服务机构的资金来源，并降低政府的财政负担。这样在公共部门和福利性项目中引入市场竞争机制，打破福利性服务中的垄断，增加民众的选择，扩大服务对象对服务机构的自由选择，通过服务机构之间的横向竞争而提高机构和项目的运行效率和服务质量。此外，重视对服务机构的业绩考核和评估，在业绩考核和评估中强化效率和质量的指标。

人力资本建设与资产建设。人力资本建设，需要政府、非政府组织和经济组织通过为公民提供良好的教育条件来提高其各方面的素质，特别是工作技能，使个人具备适应新技术发展的工作技能。尤其是对于失业者，单纯的依靠发救济金解决的只是一时的困境，无法从根本上解决贫困，而对其进行职业技术培训，帮助其掌握新的工作技能，使公民具备对个人和国家负责的本领，才能变消极的福利为积极的福利，从而在根本上解决福利问题。资本建设，有人错误地认为政府不应该为收入非常低的家庭提供资产积累。其实无论贫困家庭还是富有家庭，如果想要长久地帮助其改善生活条件，必须就教育、住房、产业等方面进行投资和积累。政府需要通过制度化的设计，为穷人建立一种资产积累结构，使得政府、企业、非政府组织和家庭的各种创造性的以资产为基础的努力相互组合和补充。这种资产政策将传统的

---

① 安东尼·吉登斯. 第三条道路：社会民主主义的复兴 [M]. 北京：北京大学出版社，2000.

政策领域延伸到纯粹的经济领域如银行储蓄和投资，充分体现了生产性的政策特征。通过这种方式把转移支付的部分资源用来支持穷人储蓄，作为拥有和积累资产的起点和启动激励。持有资产将增进人们尤其是穷人的自信，培养个人、家庭和社区自力更生的精神和能力。而且资产是可以通过跨代累积与发展的，获得跨代的长远幸福，使得每一个人彻底摆脱贫困。

综上所述，西方国家福利模式大体经历了从剩余型、制度型到发展型的转变，在这一过程中，西方国家的福利模式不断地适应本国经济社会发展。总结分析其发展的过程，对于我国社会福利政策的发展有一定的借鉴意义。

第二节　福利政策设计的基本原则

一、权责对等原则

享受社会福利是每个公民应有的基本权利，但是与之相对等的基本社会责任也是公民所必须承担的，"不承担责任就没有权利"是积极福利理论的鲜明特点之一。责任是整个社会的基石，没有责任就没有权利，责任和权利是相统一的。传统的福利国家倾向于把权利作为不附加任何条件的自我伸张，这样的福利政策不仅会无限度地增加国家的财政负担，更重要的是滋长了公民对国家的无限度的依赖，侵蚀了个人的社会责任感，使得个人把享有国家和集体的利益看作是理所当然的，而把承担义务和责任看作是额外的和多余的，容易形成一群寄生于该制度的"享利"阶层，一旦形成"奖懒罚勤"的社会风气，会大大阻碍社会生产的积极性。因此，福利制度设计应反对不附带任何条件的对权利的伸张，福利既是每个人的权利也是每个公民的责任和义务，当福利增加时，个人的责任和义务也应该不断地延伸。而且每一个公民仅仅具有对社会负责的意识是不够的，他还应该具备履行责任和义务应有的手段和技能。比如，当个人处于失业状态、领取失业保障金的同时，应当履行积极参与技能培训，主动寻找工作的义务。福利政策的目的不是要用国家或社会的行为代替个人的责任，而是要通过改善社会来促进公民个人自我完善的实现。因而，福利政策在保障公民享受福利权利的同时，也要刺激公民积极承担社会责任和义务。

二、均等性原则

基本社会福利应该是均等化的，由于人们的出身背景、能力基础以及所处的环境状况不同，会造成人们所拥有并使用的社会资源和从中所得的利益也不相同。均等性原则就是为了缩小这种分配上的不平等，通过政策向那些处于不利地位的人提供更多的资源和可能性，使他们获得尽可能的平等机会。具体来说，这种政策的均等化只是保障"平等的最低生活"，一旦超出最低标准的要求则不在均等化的保障范围之内。通过对困难群体提供个别、特殊的服务，帮助他们实现自立。它体现了政府对处境最不利者的关怀，使弱势群体得到比较公正的对待，进而激发他们的生活和生产能力。它体现的是一种机会平等，不论种族、肤色、民族、性别、语言、宗教、政治观点、社会出身、经济条件和家庭背景，所有人均有获得基本福利的相同机会。并且同等状态下，所享受到的福利水平是相当的。但这并不表明福利的均等化就等同于平均化，它是允许在大体均等的基础上存在地区性、阶段性、需求性的差异。① 因此，福利政策在设计的过程中保障弱势群体在相对平等的条件下共享社会发展成果的同时，应重视对不同地区，不同民族，不同发展水平等具体情况的考量。比如我国实施的贫困地区义务教育工程、西部地区"两基"攻坚计划、贫困家庭学生"两免一补"政策等，都是促进国家义务教育均等化的福利政策，为的就是解决义务教育阶段所存在的区域之间、家庭之间的教育不平等现象。

三、统一性原则

社会福利工作作为全国的一个整体性工作，局部和地区之间设计不可能彼此孤立，不相协调甚至冲突，必须站在国家整体的角度进行一盘棋的整体性设计。它要求所有的福利政策、相关机构的设置以及执行标准和水平都要由国家统一管理，如社会保险的缴费标准、待遇支付以及支付方式都要按照统一规定执行。这样做就是为了能够更好地保证社会福利的公平性，避免由于经济发展水平的差距而导致不同地区的社会福利水平悬殊过大。另外，将福利事业纳入中央的统一管理，可以从国家总体的发展情况出发，充分调动各地区的生产积极性，发挥各自的资源禀赋，从而实现总体的发展。此外，有中央统一管理可以提高执行机构的权威性，使社会福利工作更有效率，也可以加强不同福利机构与其他行政机构之间的协调性，更有效地促进经济社会协调发展。以瑞典为例，它的"普享型"社会福利政策堪称典范，实行六大类具有强制性的、由国家统一提供的社会保障，即儿童保障、教育保障、医疗保障、失业保障、住房保障和养老保障。通过提供良好的公共服务，瑞典不仅有效地缩小了社会贫富差距，而且使国家具备了充足的人力资本储备以及优越的投

---

① 丁东红．3U+1福利国家的基本政策原则［J］．中共中央党校学报，2011（2）．

资环境，从一个落后的欧洲国家成为一个在世界上拥有较强竞争力的国家。

四、与社会发展相适应

西方各国福利制度的演变大体都经历了一个危机——改革——危机——再改革的循环过程，从中可以得出对于福利政策的制定不是一成不变的，而是一个否定之否定的过程，一个螺旋式上升的过程。① 其中，社会环境的变化是社会福利政策演变的主要原因。社会福利政策并不是孤立的封闭的系统，而是一个开放性的系统，与其外部环境之间存在着相互依存的关系。社会环境的变化，诸如经济水平的增长、人们思想观念的进步、政府管理策略的变动等都会不同程度地引起社会福利政策的调整。社会福利政策的调整是一个循序渐进的过程，如上所述受到诸多外部环境因素的制约，不可能完全按照人们的主观意志一步到位地实现理想目标，只能随着社会政治、经济、文化的持续发展而逐渐演进。社会福利政策去不断适应变化的社会环境，不断做适应性调整，以保持与环境的动态平衡。有鉴于此，在建立社会福利体系的过程中，有必要在动态中保持适度性和可控性，在福利支出与福利诉求、国内生产总值、人均国内生产总值以及国家财政能力之间，寻求一个合理的平衡点。亦如我们所认为的，也许社会福利制度总会在一定程度上拖拽着一条选择性、排斥性、非包容性的阴影。这促使我们不得不保持"适度的永恒性与普惠的适度性"。② 因此，社会福利政策的调整应该充分考虑社会环境状况，避免陷入不必要的困境。

第三节　国际经验对中国完善人口利益导向政策的启示

从20世纪50年代末到21世纪初，社会福利理论与政策的研究逐渐在我国社会科学领域兴起，一跃成为21世纪中国科学理论研究和经验调查的主要课题。对于社会福利理论与政策的研究，有其特定的社会经济环境与制度背景，因为经济政策和社会政策之间有着不可分割的关系。而如今，我国社会发展正处于"三期叠加"的重要历史阶段：经济增长速度换挡期、结构调整阵痛期以及前期刺激政策消化期，如何使社会福利政策适应社会发展的新情况对我们提出了新的要求。其中计划生育作为基本国策有效地实现了控制人口数量、缓解国土压力的历史阶段性任

---

① 王章佩. 轨迹与特征：美国社会福利政策的演变［J］. 成都行政学院学报，2004（2）.
② 杨敏、郑亢生. 西方社会福利制度的启示与反思［J］. 华中师范大学学报，2013（6）.

务，但也带来了人口结构失衡、社会老龄化日益严重、计生特殊困难家庭等问题。欧美国家的社会福利理论渊源深厚，社会福利政策的演进脉络也复杂曲折，其中有很多值得我们去借鉴的经验和教训，确定适合我国国情的社会福利政策模式，制定公平合理的人口利益导向政策，对于促进我国小康社会的建设，化解多年来计划生育政策所积累的深层次矛盾，实现社会主义和谐社会有着重要的理论和现实意义。

根据本章前两小节对于国际上社会福利政策的演变分析，为我国的人口利益导向政策的完善提供了些许参考。

一、注重发展多元化模式

人口利益导向政策供给多元化符合发展型社会福利政策解决社会福利供给的一个重要策略。当今人们的利益需求变得多样化，任何单一的人口利益导向供给模式都无法满足社会发展的需求。政府、非政府社团组织、家庭在社会福利的提供上各有其特点，但又都具有明显的不足，实践证明单纯依靠政府财政税收的人口利导模式势必会给国家带来严重的财政压力，而非政府社团组织以及氏族家庭只能应对短期暂时性的和小范围的困难，所以有效的人口利益导向政策应该是包括政府、市场、非政府组织和家庭在风险面前共同治理，良好的公共治理机制是形成有效的利益表达和实现机制的基础，也是保证政策资源能够得到有效使用性的基本条件。我国一直以来实行的以政府为核心的"单中心"社会福利供给模式，社会福利资源的分配和使用完全由政府主导，不仅让政府背上了沉重的财政负担，还增加了寻租的可能性。除此之外，使非政府组织和自治组织的发展空间存在严重的不足甚至缺乏。随着市场经济的急剧扩展和经济全球化，人们面临的社会风险日益多样且复杂化，不确定且不可预见，家庭自身的保障功能逐渐弱化。基于此，我国的人口利益导向政策应向政府主导下的多元化模式回归：首先，坚持政府主导，政府的责任非但不能减轻，而且应当进一步强化，资金投入和政策扶持力度应当随着国力的增强而不断加大，创造更多的就业机会、制定惠及弱势家庭的利导政策、加强政策监管等，这是衡量政府是否履行职责，社会是否文明进步的重要尺度。其次，大规模动员社会的力量参与，实施福利供给多元化途径，福利需求的供给途径在个人、家庭、非营利组织等多个层面展开，促进非政府组织和非营利组织的主动成长，筹集民间资源，向社会提供更多的福利。这是缓解政府财力不足同全社会日益增长的服务需求之间的突出矛盾的重要举措，坚持以市场为导向，以优惠扶持政策为动力，进一步调动社会力量的积极性，引导社会力量参与到人口利益导向事业中来。

二、人口利益导向支出重点是人力资本投资

随着科技的快速发展以及生产效率的提高，社会对于劳动力素质的要求越来越高，面对这种形势，人口利益导向政策为了发挥其正确的导向作用，理应把工作重点转移到人力资本积累上来，而不应是单纯的物质奖励。对于家庭发展能力这台"发动机"来说，以往那种物质奖励只能对计划生育家庭的生活起到额外改善的作用，它的"发动机"依旧是老式的，无法体现出利益导向的优势所在。更好地发挥人口利益导向作用，为计划生育家庭更换新式"发动机"，最好的途径就是帮助他们进行人力资本的积累。我国有2亿多的农民工进城务工，他们大部分都集中在建筑行业，然而，随着建筑农民工队伍的迅速发展，农民工的整体素质低、技能差的问题越来越突出。在2015年针对"少生快富"项目的入户调研中也发现同样的问题，当问到为什么不选择外出务工时，绝大部分项目户给出的答复是"外面没活儿做"。然而当问到对于选择外出务工时最低的工资要求是多少时，近八成的人回答是三千元以下，有的甚至是给钱就去，因为家里的土地不多，种地根本就没有现金收入。因为缺乏技术能力，他们根本就没有选择职业的权利。可是更多的企业却还面临无工可寻的局面。所以为了计划生育政策的有效实施，体现人口利导政策的导向作用，国家需把原来消极被动的物质奖励转变为提供积极的技能服务。强调国家不能操办一切，而是应转变就业机制，变被动的恩惠式福利为主动进取式的福利；变事后补救型福利为事前预防型福利；变生活福利为工作福利；在这种意义上，福利国家不仅意味着社会支出，也意味着积极进行培训和教育的社会投资①。加强对计划生育家庭的职业技能培训，提高家庭成员的基本素质和就业能力，就好比为其更换先进的"发动机"，提高其家庭发展能力，体现利益导向作用，这是可持续的长久的以有限的资源投入到无限的人力资源开发中去。

具体说来，人口利益导向政策通过为公民个人提供良好的教育条件来提高其各方面的素质，特别是工作技能，使个人具备适应新技术发展的工作技能。尤其是对于失业者，国家帮助的重点不再是仅仅通过发救济金来提供保护，而是对其进行职业技术培训，帮助其掌握新的工作技能。"授之以鱼不如授之以渔"，提供高质量的终身教育和培训，使公民具备对个人和国家负责的本领，才能变消极的福利为积极的福利。此外，完善人口利导关于基础医疗、基础养老等事业运行机制，保障家

---

① 朱燕. 西方国家社会福利政策变迁及其对我国的启示 [D]. 南京：南京师范大学，2008.

庭成员的身心健康，间接地改善家庭福利，这也是人力资本投资的一方面，更有利于解除人们的后顾之忧。所以，低生活保障水平，高人力资本投入是应当遵循的人口利益导向政策设计原则。该方式能够较好地兼顾社会的公平性、市场的有效性和长期的经济发展，对中国这样人口众多的发展中大国显得尤其重要。该原则的应用可以将对劳动力市场的扭曲降至最低，还利于技术进步和经济效率的长期提升，从供需两方面使福利和经济增长形成良性互动①。

三、增加贫困计生家庭的福利保障，有重点地推进人口利益导向政策建设

中国是世界上人口最多的发展中国家，政府的财力相对有限，财政总支出中只有约2%能分到民政投入上，而分到社会福利事业的财政支出就不值一提了，② 福利资金严重短缺。在这种情势下，要想我国的人口利益导向政策更有成效，除了尽可能地做到广覆盖之外，必须坚持"有所为有所不为"，要采取有所区别、有重有轻的人口利益导向措施，把资源分配给最有需要的一群人，提升边际效应，最大限度地发挥有限资源的价值。对于一个家庭来说，得到的某种利益一般情况来说数量越大，所能起到的诱导力度就会越大。也就是说，诱导力度与利益量的大小成正比。但是值得注意的是，相同量的利益在不同富裕程度的家庭当中，其"分量"是不同的，在贫困家庭中所起到的诱导力度要大于富裕或普通家庭。根据我国现实情况来说，对计划生育利益导向机制最为敏感的群体就是农村的贫困计生家庭，而这也正是当前我国计划生育工作需要关注的重要群体。他们响应国家政策的号召，积极履行基本国策的要求，压制自身的生育意愿，具有明显的正外部性，但由于家庭规模结构的变化，面临更多的风险。针对他们的养老、医疗和失业救济等迫切需求在改革的过程中应该首先被纳入试点范围。建立和完善政府为主、社会补充的农村计生贫困人口救助体系，改变以血缘、家族为纽带的救助模式，对符合社会救助条件的计生贫困家庭，通过最低生活保障、医疗救助以及农村五保户供养、特困户生活救助等制度予以帮助。③ 同时建立合理的教育公平机制，计生工作同"教育扶贫"工程相结合，加大对贫困地区教育资金转移支付力度，解决计生贫困家庭子女的教育困难。

---

① 杨敏、郑杭生. 西方社会福利制度的启示与反思［J］. 华中师范大学学报，2013（6）.
② 杨天宇. 和谐社会中的经济利益矛盾调整模式［J］. 上海经济研究，2006（12）.
③ 吴永波、吴永斌. 农村计生贫困人口问题现状分析及解决路径选择［J］. 重庆电力高等专科学校学报，2008（3）.

综合上述各方面，西方国家的福利思想以及福利政策的演变为我国人口利益导向政策的完善提供了很多有价值的借鉴，可以让我们避免重复很多不必要的错误路线。但是，中国作为一个有五千年文化底蕴传承的社会主义国家，有其独特的政治、经济、文化背景，相应的其人口利益导向政策的完善除了借鉴国外的经验教训之外，还应充考虑到本民族的特色。传统文化是影响国民观念的重要因素，这种意识形态惯性的作用远大于其在历史相对较短的国家。例如，几乎囊括了中国古代福利意识形态全部内容的儒家文化，其中的"礼"深刻影响了当今的政策实践，"礼"的提出是要告诉百姓遵守符合其身份和地位的行为规范，做该做的事、体面的事。而这种保持表面上的虚荣的观念在发展过程中就演化成了中国人一种重要的意识观念：耻感文化，也可以称之为"面子文化"。① 不到万不得已，中国社会中的百姓不会采取使其感觉有失颜面的行为，这其中自然也就包括以公开的形式接受福利救助。所以，在人口利益导向政策的实践过程中，应该注重对公民权利意识的培育，接受政策帮扶是作为一个国家公民所理应享受到的基本权利。此外，还应树立公民的责任意识，正如前文提到的权利和责任是对等的，避免受惠群众对于利导政策过于依赖。

第四节 惠民政策与人口利益导向政策协调机制分析

从当前的情况来看，普惠型公共政策对计划生育利益导向政策产生了较大的冲击，影响着计划生育利益导向政策的执行效果，计生政策的利益导向作用在逐渐减少，这一方面是因为普惠型公共政策的确实惠，但也有计划生育利益导向政策本身的问题，如扶持金较少，覆盖面较小。因此，为了避免普惠型公共政策对计划生育利益导向政策的冲击，使两项政策相衔接，必须首先完善计划生育利益导向政策，明确计生国策为上位政策的原则，建立健全政策制定与实施的决策协调机制。

一、首先需要对人口利益导向政策自身进行完善

目前虽然建立了"六位一体"的计划生育利益导向政策，但是作为一项政策，在设计上还有很多需要不断完善的地方。

第一，提高计生家庭相关的奖励扶助以及特别扶助标准，并建立全国动态的奖

---

① 姜彩芬. 面子文化产生根源及社会功能 [J]. 广西社会科学，2009（3）.

扶调整机制。就当前全国的消费水平来看，农村失独家庭每人每月170元，残独家庭每人每月150元的补偿标准太低，在实际生活中根本无法起到补偿的作用。应整合政策资源，取消繁杂无效的补偿制度，加大对计划生育特殊家庭的补偿力度，特别是独生子女伤残家庭，子女持续的治疗不仅要花费大量的金钱，同时需要父母更多的时间去照料，限制了父母工作时间而减少了家庭收入，他们对于政府的补偿需要更为迫切。另外，应根据社会经济发展水平或消费水平建立奖扶标准的动态调整机制，防止标准固化，保证政策补偿的力度和导向作用。

第二，完善并明确计生利益导向的政策规定，建立有效的考核指标体系。首先，各地方根据当地实际情况，制定具体的政策规定。对计划生育家庭和贫困户的奖扶优待应明确列出奖扶标准和方式，具体措施中避免使用适当奖励、酌情减免等笼统的弹性规定，方便基层部门具体落实。其次，明确政策执行的主体，建立政策实施的考核指标体系。各级地方政府应对辖区进行责任划分，并严格规定责任主体部门，根据考核指标体系定期对各部门所负责的辖区计生与贫困状况进行考评，完善责任追究机制，根据考评情况对各部门以及计生干部进行奖惩，以保障政策力度得到最大限度的发挥。

第三，创新计生扶贫模式，建立健全项目监管机制。避免垂直向下的帮扶模式，把主要依靠外部支持转向主要依靠计划生育贫困户自主自立的发展，努力顺应他们自身的需求，在执行计划生育扶贫项目的同时对计生贫困户进行知识、技能、信息的扶贫，使广大计生贫困户由被动的受益者转化为自主决策者，政府和专业人员则成为项目的启动支持者和执行扶持者。此外，有必要对扶助资金在一定期限后进行回收或者按一定比例回收，不仅有利于对项目户的生产产生激励，防止其将资金用于物质享受，同时也可以保证项目资金的重复循环使用，帮助更多的计生贫困家庭实现家庭发展。

第四，简化奖励扶助的行政审批程序，并为制度安排增加人性化色彩。例如，计划生育困难家庭申领扶助金的公示方式，有些"失独"家庭本来就已经痛苦不堪，村委会却还要把家庭情况公示在村中央的公告栏上，这是对"失独"家庭的再一次伤害。所以，利导政策的执行需要人性化的色彩，按照"减少环节、规范程序、提高效率、明确责任、强化服务"的要求，改革人口计生项目的审批运行管理机制，对部门行政审批项目、依据、时限、程序进行清理、规范，使审批程序得到进一步优化和简化，提高办事效率并逐步改善办事环境。并以事实为依据，取消不必要的条件限制，使政策的实施过程更加人性化，更加亲民。

二、确立计生政策为上位政策原则，在普惠政策中兼顾计生家庭的优先优惠

随着改革发展的深入，更多的全面的普惠政策将会实施，为了保证计划生育利益导向政策实施的效果，政府有关部门在制定和实施相关普惠政策时，要树立计划生育为普惠型公共政策的上位政策原则，要在坚持公平原则的基础上兼顾计划生育家庭的优先优惠原则，在"普惠"的基础上实行"特惠"，实现民生普惠政策与计生特惠政策相衔接。

在"普惠"政策中体现对计划生育家庭的"优先"。例如，在农村实行"低保"中，政府应最先关注和扶持贫困的计生家庭，加大帮扶力度，使他们先于他人走出贫困、走向富裕。在各地实施的"希望工程"、"救助贫困母亲"、"单亲特困母亲帮扶"等项目中，优先安排农村计划生育女孩户家庭，帮助其早日脱贫致富。

在"普惠"政策中体现对计生家庭的"优惠"。政府应明确在新农合、低保和新农保等普惠型政策中，在原有标准基础上，应多给计生家庭及成员实施各种优惠。如，对农村年满六十周岁已参加新农保的独生子女伤残或死亡、计划生育并发症、独生女、独生子、计划生育两女户家庭等计划生育对象，在新农保的基础上提高基础养老金，所需资金由政府财政预算。相关部门在制定惠农政策时，如按人均落实资金或项目时，独生子女领证户按照2个子女数对待，农村二女户按照3个子女数对待。如在分配承包土地、宅基地、集体福利方面，就可以考虑让计生家庭在普惠基础上得到特惠。

三、健全我国公共政策制定与实施的决策协调机制

为了避免普惠政策对计划生育利益导向政策的冲击，消减利益导向政策的导向作用，防止政出多门，分散无序、多头管理，职责交叉、条块分割的现象，必须建立健全政策制定与实施的决策协调机制。

第一，建立统筹领导的工作机构和工作协作机制。各部门要有"大人口"意识，要整合各部门资源，构建"党政牵头、部门负责、社会参与"的人口和计划生育利益导向工作与普惠型政策协作机制。各地要党政牵头，坚持一把手亲自抓，加强组织领导。组织机构要定期召开工作协调会、督办会、总结会，协调相关部门齐抓共管。各级政府和有关部门制定土地、企业、医疗、社会保障、户籍、劳动、教育、财税等制度和改革措施，要统筹考虑，互相协调，有利于人口

和计划生育工作。

第二，健全政策制定征求意见机制。民政部门、教育部门、国土与资源部门、财政部门、社会保障部门等部门在制定出台与人口相关政策措施时，都必须事先征求人口计生部门的意见，使人口计生部门从政策制定的源头参与，及时提出有关的意见和建议，在政策源头上最大可能地避免冲突，由事后控制处理向事先衔接协调转变。

第三，完善政策实施的配合机制和共享平台建设。政策制定和出台后，必须要具体明确执行中各相关部门的职责，把责任落实到相关部门，确保有序运行，确保实施效果。为了使各部门之间配合协作，可以建立农村人口的信息共享平台建设。通过信息共享平台，可以最大限度把计划生育工作和普惠型惠农政策有机地融为一体，减少冲突。其他部门在实施各种优惠政策时，就能了解享受该政策的目标人群以及规模大小，测算出政策出台的覆盖面，对运行成本和收益都有很大的决策参考作用。此外，信息共享也可以减少计生家庭在办理各种政策过程中要付出的成本。总之，各部门间应积极沟通，共同协商，以及时摆正各个政策的导向，实现各政策的社会效益最大化和计生家庭利益的最优化。

第七章　新形势下计生家庭优先优待政策展望

近年来，国家和地方相继出台了一系列的惠民政策，其中有些政策与计划生育优先优待政策出现导向冲突。甚至出现了多生育子女可以得到更多利益的现象，导致了一种反向的激励机制，给新时期人口和计生工作带来了新的困难和挑战。鉴于普惠政策当前已经一定程度上影响到基层计划生育工作，出现惠民政策与计划生育政策的导向不一致，我国多省市积极创新理念，主动与各级相关部门建立信息沟通和协调机制，同时加大了计生家庭优先优惠政策力度。

第一节　我国多省市落实计生家庭优先优待政策经验总结

健全和完善人口和计划生育利益导向政策体系，是全面贯彻和落实《中共中央国务院关于加强人口和计划生育工作统筹解决人口问题的决定》的目标和要求。同时，构建和谐社会、改善民生是自"十六"大以来的国家发展理念，于是一个执行已久的基本国策遇到新理念就产生了政策协调的问题，而且这个问题在我国已经执行的其他基本国策中也大量存在，可以说这是个具有普遍性意义的问题。对这种地区性的政策导向冲突，想要通过全国性的政策协调来解决，不仅难度大、成本高，而且缺乏针对性。根据我国区域之间发展不平衡，面临的问题有所区别，各地经济发展差异较大这一特点，各个地区从本地的实际情况出发纷纷出台了一系列有利于计划生育、少生优生的利益导向新举措，在一定程度上缓解了地区政策冲突，为了给计划生育家庭办实事、办好事，各地主动出击探索出了具有地方特色的计划生育利益导向新路子，积累了许多值得相互借鉴的经验做法。

一、计生管理部门创新思路，主动融入

现行的各项普惠政策在实施时大部分都没有考虑到对计划生育基本国策的影响因素，忽略了与现行的计划生育法规政策的有效衔接，削弱了计划生育优先优待政策对计生家庭的激励作用。但我国很多省市计生部门创新思路主动出击，主动加强与多个相关部门联系，积极加强人口与计划生育利益导向机制建设，确保计生家庭的优先优待得到真正落实。

例如，北京市人口计生部门以农村社会养老保险补贴以及集体产权制度改革为切入点，采取先从试点区县作为突破点然后争取全市推广的模式。① 20世纪90年代，顺义区开始在农村推行养老保障制度。借此机会，通过各级计生部门的不懈努力，在实施普惠政策基础上兼顾了对独生子女家庭的优先优待政策，形成了"双保险"（社区养老金，再加上支持独生子女父母参加商业保险或社会养老保险）、"提前发放"（对独生子女父母提前5~10年发放养老金）、增加额度（对独生子女父母增加养老金金额）以及"优先发给"（经济水平较差的村优先为独生子女父母发放养老金）等四种模式，取得了良好的效果。在试点区县获得较好成果后，市人口计生委在吸收顺义经验的基础上，主动介入，多方争取，多次举行与其他相关部门的座谈会，经过不断协商调解后，终于在市级颁布《北京市农村社会养老保险制度建设指导意见》。在农村集体产权制度的改革过程中，昌平区人口计生委及时介入，积极协调，及时阻止了按照人头平均分配股权的做法，最终制定了"独生子女父母每人可多享受0.5个奖励股"的优惠政策。截至2008年底，昌平区已完成产权改革的26个村共有7475名独生子女父母享受到这一政策，奖励股的总股金达到1800万元。已分红的22个村，2006年人均奖励股分工507元。南邵镇四合庄村独生子女父母每人凭奖励股可多得分红2600元。与北京市农村社会养老保险一样也是由试点区县突破，然后全市推广，在普惠的基础上实现对计生家庭的"特惠"。

黑龙江伊春市是国家重点林区之一，森林覆盖率达到了82.2%。2006年，伊春市启动了林权制度改革试点，即把国有林木所有权转让给职工群众。伊春市人口计生委抓住机会，与试点区县相关部门进行协商，为广大计划生育家庭争取优惠政策。另一方面，向试点区县提出了"林区职工要致富，少生孩子多种树"、"承包一块造林地，为了子孙建绿色银行"等各种宣传口号，积极鼓励和引导计划生育家庭成为参与者，为他们建立了惠及当前，利及子孙的财富。据统计，伊春市进行林权制度改革的五个试点区县共有3804户计划生育家庭参与林改，各区局为参与林改的计生户提供无息贷款3252.67万元、低息贷款471万元。计生户承包林地两年多以来，通过合理经营林地和发展林下经济，计生户年增收达到3000多元，增

---

① 北京市人口计生委，人口与计划生育相关惠民政策座谈会交流材料，加强计划生育优先优惠力度，体现社会主义社会公平正义，2009。

加了计生家庭收入。①

二、加大计生家庭优先优待政策奖励力度

计划生育优先优待政策应当与时俱进，根据人口发展形势、经济社会的发展程度、计划生育群众需求的变化做出合适的调整，计划生育奖励保障标准也应该与国民经济增长、人均消费水平增幅相吻合。由于我国各省市经济发展差异大，所以在出台各项计生家庭优先优待政策时也是结合本地实际发展水平以及地方特色来制定的。

青海省结合自身实际情况，经过几年探索和实践，一个覆盖城乡计划生育家庭，不同措施形成的针对计生家庭利益导向政策体系初步形成。据统计到2008年底，青海省已经累计为26938户领取《独生子女父母光荣证》的农牧民家庭、6026户主动放弃生育第三个子女的牧区少数民族家庭发放了每户3000元的奖励；11018名年满60周岁的农牧民夫妇享受每人每年800元的计生家庭奖励扶助金；独生子女伤残家庭更是扶持的重点人群，目前已有297户独生子女伤残家庭额外享受到960—1200元特别扶助金；为了帮助计划生育贫困户，省财政厅也是大力拨款，已有32785户农牧民计划生育贫困户得到应有的帮扶；为了减少妇女的生育风险给家庭带来的危害，政府对参加生育保险的农牧民给予了一定补贴。广大群众积极参与，受益城乡计生家庭达18.5万人次。与此同时，青海省的人口计生工作也得到了长足的提高，全省人口出生率由2002年的18.05‰，下降到2008年的14.49‰，人口自然增长率由2002年的11.7‰，下降到2008年的8.35‰，已经进入了全国的低生育水平行列，对于欠发达地区实践科学发展观创造了良好的人口环境。②

近年来，我国也出台了许多针对计生家庭的优先优待政策，其中"少生快富"工程、"计划生育家庭奖励扶助"、"关爱女孩"行动等一系列计生家庭优惠政策已经被广泛推行。除了上面三个较大规模的计生家庭优惠政策之外，地方也出台了标准不一的针对计生家庭的优惠政策，都不同程度地提高了计生家庭奖励，向着满足计生群众需求的方向发展，这样才能够切实发挥计划生育利益导向作用，引导群众

---

① 黑龙江省伊春市人口计生委，人口与计划生育相关惠民政策座谈会交流材料，积极协调主动介入，促进林改政策向计生家庭倾斜，2009。

② 青海省人口计生委，人口与计划生育相关惠民政策座谈会交流材料，主动争取相关惠民政策，积极构建利益导向机制，2009.

自觉地实行计划生育。

三、积极争取领导重视

从发达国家经验来看，我国全面推行惠民政策是势在必行，我国多省市人口和计划生育部门转变以往的工作思路和方法，事先协调，坚持"尽力而为"、"量力而行"的原则，积极争取各级政府对计划生育家庭高看一眼。

为了争取省委省政府的高度重视，湖北省人口计生委主动出击，几位主要领导人分头带领相关处室人员到省人口和计划生育领导小组26个成员单位，汇报工作进度，并且征求改进意见，尽量争取部门支持。几次邀请省人口和计划生育领导小组成员单位领导到湖北省计生委面谈协商，围绕相关惠民政策如何有利于人口和计划生育工作、出生人口性别比、优生优育综合治理以及流动人口计划生育服务和管理等难点问题展开讨论，最终达成共识，与超过20个部门联合下发文件。正是在领导的高度重视下，为制定和落实计生家庭优惠政策奠定了坚实的基础。在省领导的高度重视下，湖北省加大了人口和计划生育事业投入力度。2008年省级人口和计划生育经费投入比2005年增加了一倍多，达到了1.6亿元。计划生育与普惠政策有机衔接是负责任的政府行使权力与承担责任的统一，更是完善社会公共管理、维护社会公平正义的关键。

四、确保财政投入

财政部、国家人口计生委在《关于完善人口和计划生育投入保障机制的意见》中，提到了新时期财政投入保障机制的基本原则和政策内容。由于全国各地人口计生工作水平以及经济发展状况等因素，《意见》并没有具体量化计生财政投入的标准。因此各地方应在深入基层调查研究的基础上，再结合本地方的实际财政收入水平，从而保证财政投入政策的科学性。在明确财政投入力度后，还必须明确划分各级人口计生财政投入职责，为确保财政投入能够持续健康地进行，还要完善财政投入保障体系等工作。

河北省在人口计生公共财政投入保障体系上就取得了不错的成效。2011年底，河北省财政厅和省人口计生委联合印发了《关于完善河北省人口和计划生育投入保障机制的意见》，在全国率先提出了"十二五"时期河北省各级人口计生财政投入目标，为保证其政策目标的可行性，分别运用了三种模式对"十二五"期间人口计生财政投入人均投入目标进行评估测算。① 模式一，根据中央"人口和计划生育财政投入增长幅度要高于经常性财政收入增长幅度"的要求，以河北省"十二五"财政收入年均增幅为10%进行测算；模式二，根据"十一五"时期河北省人口和计划生育财政投入实际增幅进行测算；模式三，根据全省各级人口计生事业发展需求情况进行测算。正是通过这三种测算的综合分析并考虑各种影响因素，确定"十二五"末全省各级人口计生财政投入要到达人均60元以上的目标。投入目标量化对完善人口计生财政投入机制具有重要指导性意义。为了进一步明确各级政府财政投入职责，河北省政府出台了《河北省省内政府间转款配套资金管理办法（试行）》，将各类不同级别的配套资金进行分类，充分考虑各级财政实力，明确了省、市、县各级政府相应的支出责任和费用分担比例，保持相对稳定、动态调整的机制，确保了计划生育优先优待项目资金的落实。为了保证财政投入保障体系长期健康稳定地运行下去，河北省政府进一步完善了其投入保障体系，例如加强绩效考核以及规范项目运作，尤其是加大了对奖励扶助、特别扶助、免费孕前健康检查等项目进行评估。为了防止违法违纪行为的发生，还必须要强化监督管理，提高资金管理水平，重视干部队伍的能力建设，提高财务管理人员的管理水平，确保人口和计划生育事业经费真正落实到位。

总之在促进人口和计划生育工作持续健康发展方面，各地审时度势并结合自身实际情况，都积累了一些值得学习借鉴的经验做法。但是想要顺利落实计生家庭优先优待政策，这也不光是各地计生委一个部门的力量就可以达成的，需要动员全社会力量共同行动，为我们的社会经济持续健康稳定发展提供良好的人口环境。

第二节　新形势下我国计生家庭优先优待政策发展展望

20世纪90年代以后，我国人口管理学和计划生育部门试图从内力作用上寻求突破，提出了针对计生家庭政策的新举措。它的主旨是通过物质利益和精神利益相结合的激励机制，针对执行计划生育家庭给予适当的扶持、优惠，通过这些激励使他们自觉的遵守计划生育。在计划生育利益导向的作用下，我国广大育龄群众获得了物质利益和精神慰藉，强有力地激发了实行计划生育的热情，有效地缓解了计划生育工作在当时所面对的矛盾，党群、干群的关系得以融洽，树立了我国计划生育

---

① 河北省人口计生委. 立足省情，完善人口计生公共财政投入保障体系. 人口与计划生育 [C], 2012（9）.

工作的良好形象，取得了喜人的成绩，我国妇女总和生育率由1990年2.01下降到2001年的1.85左右。但是我们更应该看到的是现行计划生育利益导向基本理念是以控制人口数量为出发点，它确实比较有效地帮助了计生家庭在实行计划生育时面临的困难和问题，而对于计生群众实行计划生育后的长远利益保障则显得有欠系统的考虑，更没有从制度上做出必要的设计和安排。现如今我国人口发展面临巨大的挑战，人口自然增长率处于历史低位，生育率已接近超低水平，人口老龄化持续加速，总抚养比节节攀升，仅仅依靠过去针对计生家庭的物质奖励或许难以为继。

未来我国计划生育利益导向政策应该转向如何提高计生家庭发展能力建设和加强计生家庭社会保障供给。因此需要大力加强计划生育投入，全面提高计划生育利益给付水平和效用，促使计划生育工作走向深层次和高效率。

一、推进计划生育利益导向政策转向增强社会保障供给

计划生育利益导向政策转向社会保障供给，这就需要有选择、有重点地对现行的计划生育利益导向政策进行科学合理的利益调整。通过管理改革、制度创新和利益重新分配，打造有利于统筹解决人口发展的社会保障新模式，成为我国人口与计划生育事业发展的方向。毫不夸张地说这是一项牵涉面广、政策性强、操作难度非常大的社会系统工程。我们要考虑计划生育利益导向政策应该怎么转什么、怎样转等问题，还必须加快人口与计划生育社会保障法制化的管理进程，甚至对计划生育投入产出进行经济核算，再由计划生育的投入产出效益来衡量保障基金的数量，走出一条实实在在切实可行的社会保障新模式。

（一）确立计划生育利益给付制度在社会保障中的法律地位

自新中国成立以来我国的社会保障大致经过了两个阶段，从补缺型到普惠性的巨大飞跃。社会保障制度惠及人群也从特殊群体保障逐渐扩大到统一社会保障体系，在此期间，妇女、儿童、残疾人、烈军属等特殊群体均被纳入到社会保障体系内，而计划生育家庭这一群体并没有被纳入到这一体系当中。计划生育家庭特殊救助是人口和计划生育管理领域的计划生育福利项目，是以普惠制社会保障为基础，其执行部门不同于普惠制社会保障，它的执行主体是人口和计划生育部门，其实质就是补偿机制。国家近年来也出台了一系列的针对计生家庭的优先优惠政策，各个地方政府也制订了不同的优惠政策，但是这些项目很难有统一尺度、执行力度也不尽相同，操作弹性大。计生家庭为了国家大利益放弃了家庭小利益，政府给予利益补偿理所应当，可现行的计划生育利益导向政策没有从根本上解决群众实行计划生育的后顾之忧，尤其是对子女伤残或死亡的计划生育家庭来说可谓是杯水车薪。因

此，有必要将计划生育家庭的特殊救助制度嵌入到社会救助的子系统中。同民政、卫生、劳动社会保障等部门一道，构建完整的社会保障体系。虽然目前我国的社会保障法不包括这一条，但是我们可以从实际出发，由各地开始研究制定《计划生育社会保障条例》，等到条件具备时，再将其纳入到《社会保障法》，使计生家庭能够真正地优先分享改革发展成果。

(二) 科学提取社会保障资金

计划生育利益导向实行的是党政领导牵头、多部门参与、各方面广泛支持，通过研究制定和落实一系列对计划生育户的优先优待政策，无偿投入、自然受益方式运行的。其运作过程比较简单，主要是依附于政府组织、通过地方财政支付，以单向投入产出，单一的行政管理来执行，对于产出效益的分配则没有严谨的经济核算。这种不去考虑产出效益的合理分配与积累的方式是违背市场经济的运行规则的，也不能达到效益最大化。我国现在是社会主义市场经济，可将计划生育行为纳入到市场经济运行的视角内进行全面的分析研究，为整个国民经济的持续、快速、健康发展提供一个良好的人口环境。因此，我们必须科学提取社会保障基金，建立健全计划生育保障供给制度，然而现在面临的问题是解决社会保障资金的来源，从计划生育投入产出的效益中提取合适比例资金作为保障资金，这应该是未来选择的方向。因此，对计划生育投入与产出的经济核算很重要，对产出效益的分配进行科学管理，投入产出活动是一个无限循环的过程，在用经济核算描述这个循环过程体系上可以根据年度为单位计算各个部门总投入和总产出，并依据各个部门的经济总效益转入初次分配再分配时，根据纯利润确定适当比例，由地方税统一管理征收，从中提取资金，转给社会保险管理部门，充当社会保险专项基金。再通过合适的渠道流入计划生育保险账户，通过不断积累，逐步提高计划生育人群的社会保险给付标准。

(三) 在农村社会养老保险中体现独生子女父母养老保障待遇的优越性

我国的养老问题日趋严重，政府在养老保障方面的投入与社会需求还有一定差距。尤其在我国的广大农村地区，由于绝大部分受教育程度偏低以及参保率明显不足，一到老年就基本断了经济来源，养老问题更加突出。一步到位解决所有养老问题既不科学也不现实，我们可以以农村独生子女父母为突破口，加快建立健全农村养老保障制度。农村养老保障制度是计划生育保障机制的重要工程，因为如果这一机制不能得到妥善解决，那农村的生育观念不可能发生根本性转变，"养儿防老"这一传统观念还将继续被群众所接纳。目前我国绝大部分农村社会养老保险还没有普遍推行。而我国在 2014 年人均 GDP 已经达到了 7485 美元，已经达到了中等收入国家水平，已经具备全面推行农村养老保险的基本条件，我们可以通过对参保对象的政策优惠，如市（县）、镇两级政府财政补贴，启动农村社会养老保险制度，并通过集体补助与政府财政补贴的杠杆作用，由独生子女、双女户父母扩展至所有计划生育对象，由点到面逐步扩散，这样覆盖率也会逐步提升，然后就会覆盖所有农村地区。在实施以计划生育对象为重点的农村养老保障制度过程中，逐步整合现有的计划生育保障资源，统一计划生育社会保障政策，最终推动计划生育保障与整个社会保障制度的融合。

（四）发挥好人口与计划生育部门在推行计划生育社会保障机制中的作用

计划生育社会保障涉及的领域非常广泛，包括民政部门、劳动保障部门、卫生等部门，在完善计划生育社会保障的过程当中，各个部门都相互关联，计生部门要正确处理好与其他相关部门的关系。从工作内容的角度划分的话，计划生育奖励政策的实施属于计生部门的工作，计划生育社会救助则属于民政部门的工作，计划生育养老保险属于劳动与社会保障部门的工作。计生部门要统筹协调各相关部门的工作，各级政府应该修订一部分与人口和计划生育法律法规有所冲突的政策，让遵纪守法者做到不吃亏，而违法者应该承担相应的责任。尤其是在制定个人和家庭利益分配的政策时，尽量避免简单地按人头来分配各种社会福利政策，即使非要按人口数量分配，也应该体现对计生家庭的优先优待，以此来鼓励群众自觉实行计划生育。

二、提高计生家庭发展能力

家庭是社会的细胞，是社会政策和现代公共服务的重要载体。社会和谐也体现在家庭幸福上，提高家庭发展能力，给予家庭发展上更多政策倾斜，已经成为各国积极应对家庭变化对经济社会影响的普遍行动。我国在创新社会管理和人口计生工作发生深刻变化的新形势下，家庭发展能力问题也越来越受到重视。因此，我们以计划生育家庭为立足点，照顾计划生育家庭，尤其是对困难计划生育家庭、独生子女伤残或者死亡家庭给予更多帮扶，真正做到保护家庭权利、推进社会性别平等、满足儿童发展需求、丰富文化生活、提供合理就业指导、加大创业扶持力度，进一步增强政府在家庭事务中的职能，以此来提高家庭幸福指数。

（一）建立健全家庭发展政策，切实维护计生家庭权益

各相关部门职责要划分清楚，整合现有的政策资源，形成有利于人口和计划生育工作、有利于计生家庭的政策保障体系。一是全面落实各项法律规定的计划生育优先优待政策，能享受到的绝不错过，建立科学的扶助标准动态调整机制。二是统

筹协调相关部门做好计划生育优先优惠政策与各项普惠政策的衔接。近些年，我国出台了一系列惠农政策，如新型农村合作医疗保险、新型农村养老保险、就业培训与指导、创业支持、扶贫开发等，在执行过程中要充分考虑对人口与计划生育这一基本国策的影响，要使计划生育家庭优先分享改革发展的成果。三是要广泛开展帮扶救助活动，目前几乎是政府单一扶持救助，我们要有效整合政府、企业、社会等各个方面的资源，加大对计生家庭的扶持力度，切实维护计生家庭的核心权益。

(二) 不断提高计生家庭服务水平

对于计划生育家庭来说，对风险进行规避具有一定的必然性和可行性。计划生育手术产生的一系列问题不仅是家庭本身的问题，也是一个不容忽视的社会问题。因此，国家可以就经济发展状况，社会资源数量以及环境的发展程度等因素进行统筹，对现存问题进行改进。本节从以下两个方面进行论述。一是提高计生家庭优生优育能力。对于我们来说，有些伤害是不可预测无法防范的，但是有一些可事先通过科学有效的方法来防止悲剧的发生。长久以来，我们都在尝试如何做好优生优育，提高下一代整体素质，生一个健康的宝宝是天下所有父母共同的心愿。但在现实生活中不孕不育问题却比较突出，许多家庭却束手无策，所以政府要对他们进行科普教育，大力实施国家免费孕前优生健康检查服务项目，重视婴幼儿的早期教育，提高人口素质，尤其是对计生家庭要给与一定的政策倾斜，以此提高计生家庭优生优育的能力。二是提高计生家庭健康发展能力。我们可以成立家庭健康知识保健服务中心，通过围绕家庭健康开展不同的服务活动，加强科普教育，以此来增强家庭健康保健知识。为了使服务更加规范，还可以专门建立家庭健康档案，进行跟踪服务，在经济比较发达的沿海地区，可以优先免费给计生家庭开展健康体检，经济欠发达的地区也应该给予计生家庭不同程度的减免费用。开展各种教育活动，比如家庭保健、儿童以及青春期教育、生殖健康、中老年保健知识等，以此提高家庭的自我保健意识，促进家庭身心健康。

(三) 提高计生家庭养老能力

随着第一代实行计划生育的父母陆陆续续进入老年期，计划生育家庭养老问题已经成为人们关注的焦点。我国人口老龄化正在加速，将逐渐出现"一高、两大、两低"的特征，所谓"一高"就是高速，"两大"就是基数大、差异大，"两低"表现为社会养老水平低、自我养老的社会意识低。相对于多子女家庭，计生家庭养老面临更大的风险，尤其是独生子女伤残的计生家庭，不仅给老人心理带来巨大的创伤，而且还面临老无所养的局面，这已经很难通过自身的能力得到有效解决。由于区域经济发展不平衡，造成了我国劳动力大规模的流动，尤其是对于计生家庭来说造成了巨大影响，空巢老人既要自我照顾，还要隔代抚养，加之外出子女很难尽好赡养义务，过多的经济压力和心理负担使这些老人承受巨大压力和伤害。因此，要通过宣传倡导、制度，促进养老模式趋于多样化。鼓励男到女家落户，逐步实现儿女"两头住"、自养、政府补贴集中供养以及参加社会养老保险政府给予补贴等多样化的养老模式，对计划生育家庭的贫困老人，更是要加大政府公共财政投入，对他们进行生产帮助、生活照料、精神慰藉等，达到为计生家庭提供坚强的物质保障和精神慰问，使他们感受到实实在在的好处①。

（四）对计生家庭创业进行扶持

优先对计生家庭创业支持，以此增强计生家庭发展能力。为计生家庭科学分析，选择合适的创业项目；相应地开展实用技术培训，提高专业技能，选调相关专业人员与计生家庭一对一进行帮扶指导，无偿提供技术支持；银行在发放小额贷款时，可优先考虑有项目的计生家庭，与其他相关的金融部门联合，提供政府贴息的计生家庭创业贷款；在专业合作组织中，可以优先吸纳计生家庭为会员，第一时间为他们提供政策以及完整的信息等帮扶。

（五）对计生家庭子女教育进行减免

近几十年中国社会已经发生了翻天覆地的变化，已经由过去的计划经济时代转向市场经济时代，社会经济高歌猛进，竞争压力与日俱增，对人才的需求也不断增加，这就需要我们具备较高的综合素质。因此提高独生子女的教育水平无疑是给自己增加了筹码。政府应该做好计生家庭子女中、高考加分工作，对独生子女就读小学、中学、高中、大学给予不同程度的生活补助费，尤其是对品学兼优的贫困独生子女要大力实施关爱行动，动员社会资源进行资助。加大职业技术教育、成人教育培训力度，减免参加后期教育培训的计生家庭的相关经费。

总之，只有人口计生部门牵头，社会相关部门共同参与，有政策给政策，有钱出钱，有力出力，社会各界都来支持，才能建立完善计生家庭发展的长效工作机制。

第三节 普遍二孩政策和公共政策衔接研究

一、普遍二孩政策将对一些公共配套政策提出更高要求

实施"全面两孩"政策，是党中央根据人口发展规律和经济社会条件所做

---

① 高俊文. 提高计生家庭发展能力的思考［R］. 中国人口报，2012.

第三节 普遍二孩政策和公共政策衔接研究

出的重大决策，有利于改善人口结构、增加劳动力供给、缓解老龄化，不会对中国的生育率和生育规模产生严重冲击。同时，全面两孩政策将会对妇女就业、健康权利保护等产生压力，从而对妇幼保健服务、劳动力市场保护等公共政策提出了更高的要求。因而，实施"全面两孩"政策是一项系统工程，涉及社会服务管理的诸多方面，需要统筹协调各项政策，加快计划生育服务管理改革和创新，突出以家庭为核心的社会公共政策体系，切实保护公民生育权利，促进人口均衡发展。

以女性就业歧视为例。全面放开二孩，意味着女性可能会有两个产假。这会进一步增加用人单位录用女性职工的顾虑，恶化单身女性在就业市场的处境，增大她们的就业压力。由于女性在生育上花费的时间更长，将加剧女性的就业困难。目前中国家庭的特点是女性实际上在养育孩子的过程中付出的时间更多，这也成了许多单位更愿意招收男性的借口与理由。据武汉纳杰人才市场2016年1月对300多家企业HR（人力资源经理）进行的调查走访①，其中八成企业表示，他们对招收有生育计划的女性求职者有顾虑，因为二孩政策放开，他们对女性求职者的顾虑年龄由24至28岁，扩宽到24至32岁，因为28岁到32岁这个年龄段的女性相当比例考虑生二孩。"二孩"成女性就业障碍的原因有二：女性应聘者"生二孩"，两次产假相加达7个月，影响工作；女性休产假期间享受津补贴，对企业是笔较重的负担。

关于二孩生育对女性公平就业和职业发展的影响，早在单独二孩政策开放时，学界就开始讨论了。普遍认同的观点是"单独二孩"政策的实施，将使这些女性面临更加严峻的就业挑战。不论是待就业女性还是在业女性都将受到"二孩"政策的影响，她们的职业发展可能被未来的再次生育所中断，部分用人单位可能在女职工怀孕、生产等时期，找各种借口给予调岗、降薪甚至辞退，侵犯女性的合法权利。

原因分析：二次生育的女性之所以会遭遇更大的就业障碍，主要归因于传统的性别文化与制度，以及落后的生育观念的共同影响②。第一，"男强女弱"和"男主外女主内"把女性固化在家庭私人领域，为劳动力市场排挤女性提供文化上的支持。第二，生育的家庭化过程，导致用人单位忽略了所要承担的社会责任。

要消除"全面二孩"生育政策对女性就业的负面影响，要从性别和生育文

---

① "二孩"成女性就业新障碍 遭8成招聘企业婉拒[N]. 武汉晨报，2016-1-18.
② 叶文振：消除"单独二孩"政策对女性就业的负面影响[N]. 福建日报，2014-6-30.

化上的变革着手。首先，要把功利取向的家庭生育转化为公共意义的社会生育。强调生育的社会性，让国家在出台生育新规的同时，也要通过相应的配套制度或政策，如对招用女工的用人单位给予奖励和政策优惠，又如提供更充裕的婴幼儿义务看护和教育服务，以承担起必要的二胎生育的社会责任，减轻用人单位因此而构成过大的劳动力成本，化解保护女工"三期"权利与企业发展之间的矛盾。与此同时，还能减少在每个家庭里发生的生育成本，因为这方面的成本也会转化为对女性职业发展的不利影响，托儿所和幼儿园服务的公益化和社会化，都会减少母亲的负担。

其次，要更好地平衡女性二孩生育与职业发展的关系，需要居住社区、用人单位，特别是孩子的父亲一起给予女性更多的人文关怀和实际支持。社会对婴幼儿的集中看护和教育功能要健全起来，这不仅让孩子就近拥有一个安全的儿童乐园，而且还能降低这方面的运营成本，减轻二孩家庭的经济负担和远途接送孩子的压力。用人单位也要重新评估雇用女性职工的劳动力成本和她们的工作效率，实际上用人单位招用女工的生育成本已经被雇佣男性职工的生育红利所抵消了，加上生育二孩的压力减小和方式改变，女性职工的劳动生产率是不会明显下降的。另外互联网的技术进步还可以把工作领域延伸到家庭，让二孩生育的女职工在孩子最需要的那段时间能够做到工作和家庭双兼顾。孩子的父亲要义不容辞地承担起家庭责任，参与到二孩生育的过程当中来。让二孩父亲适度享受生育假期也是一个具有社会意义，并形成男女平等效益的制度安排，它对协调女性二孩生育与职业发展的矛盾将具有多重的正面功能。

二、世界各国政策鼓励生育二孩配套政策借鉴

环视全球，已有许多国家为了应对由来已久的低生育率推出各种鼓励生育的政策，这些鼓励生育政策可以为中国人口政策的选择提供参考与借鉴。[①]

（一）亚洲国家和地区鼓励生育相关政策

与中国历史文化传统上极为相似的新加坡、日本、韩国以及我国的台湾地区，都经过了长时间的控制人口政策，在生育水平低于更替水平6~14年后，这些国家（地区）原本控制人口增长的政策才有所松动，随后都选择了鼓励生育的政策。各国（地区）政策调整的过程有其共性，但也有各自的特色。

---

① 王红茹. 国家发改委专家：全面放开二孩不足以应对老龄化 [J]. 中国经济周刊, 2015.

第三节 普遍二孩政策和公共政策衔接研究

新加坡生育政策的转向非常迅速。首先,从宣传教育的改变开始,公共场合中大量出现宣传海报鼓励生育;之后,逐步改变了以前的税收减免政策、产假与分娩费用政策、儿童津贴等政策。由于政策效果不理想,新加坡政府在之后的20年里逐步加大了儿童津贴(婴儿花红)、增加了产假与育儿假的天数等。政策的范围也从先前的经济刺激,转向更大范围的促进工作与育儿相协调的政策。进入21世纪以来,随着导致人们少育的原因逐渐清晰,政府的干预转向了更多的家庭与婚姻领域。比如从2008年开始,政府资助人工受孕;从2011年起,政府开始采取措施增加人们结婚的概率,减少不婚率。①

日本则是采取了渐进式政策变革,政策改革的轨迹呈现由单一干预至多管齐下的过程。一开始,日本政府主要关注孩子的抚养成本,以经济激励为主,比如重点推出了儿童补贴政策,旨在减少人们抚养孩子的负担。1994年政府出台了较为全面的"天使计划"。2002年左右,政策开始关注父母生育之后的再就业问题,强调政府与社会要对孩子的抚养负责,逐步完善育儿相关的休假与托幼服务。2003年,日本的人口政策最终上升到了法律层面,出台了"少子化社会对策基本法",不仅提高了这些政策的约束力,而且还提出了企业也要承担鼓励生育的责任、要重视全社会的意识转变。近些年来,逐步转向更全面的协调工作与家庭政策,也更重视促进性别平等,为女性创造工作家庭兼顾的社会环境,强调要站在孩子和家庭的立场上制定对策。②

韩国政府一度对低生育水平认识不足,1996年韩国的生育率已经下降为1.6,政府才开始意识到低生育率的问题。直到2002年,生育率降至1.22,政府才开始采取促进生育政策。2006年政府出台了"123"政策,该政策鼓励国民结婚后的第一年生第一胎,将近30岁时生育第二胎。同年,韩国政府开始为国民提供免费的输卵管和输精管复通手术,并为他们生育的第三个或者第四个孩子提供抚养资助。2006年底,政府正式公布了《低生育综合对策》的最终方案,从2006年开始到2009年为止,将投资7万亿韩元来提高生育率。2006年,韩国政府开始了5年基本计划(2006-2010),即"2020战略",以应对低生育率与老龄化。

中国台湾地区改革姗姗来迟,1993年,台湾地区开始实施"新家庭计划"。与以往的家庭计划比较,新计划在整体上更强调维持人口适量的增长,不同于过去重

---

① National Population and Talent Division, Prime Minister's Office, Singapore. 2012. Issue Paper. Our Population Our Future, http://population.sg/introduction.
② 汤君梦.中国生育政策的选择:基于东亚、东南亚地区的经验[J].人口研究,2013(6).

视人口增长率的降低。工作的重点是宣传，口号也由"两个恰恰好，一个不嫌少"改为"两个孩子不嫌多"。但是，台湾地区的总和生育率从1997年的1.77下降到1998年的1.465，而2000年（龙年）的生育率没有出现预期的拉升，反而一路直降到2004的1.18时，台湾当局才意识到低生育水平的危害。当超低生育率的证据一再显现后，"内务部"开始尝试协调不同的声音以达成调整生育政策的共识。2008年，《人口政策白皮书》出版，这一政策体系中明确提出了要采取7个方面的措施来提高生育率，包括完善公共育儿服务、改善产假、育儿假政策、对子女未成年家庭的经济支持、为子女未成年的劳动者创造能够兼顾家庭与工作的环境、提高生殖服务水平以及增加结婚机会等。

回望过去的半个世纪，中国和东亚地区低生育率国家的生育转变历程如此相似，不同的是它们均已做出生育政策调整。但是从实施的效果来看，这4个国家和地区的生育率并未出现反弹，反而出现了进一步的下降，导致最终跌入"低生育陷阱"。这倒不是说这些国家和地区鼓励生育政策都是失败的，如果没有这些鼓励生育政策的调整，人口生育率可能会更低。从这4个国家和地区的实践经验来看，即使我国实行鼓励生育二孩政策大可不必担心生育率反弹，更不用说回复至更替水平。

（二）欧美发达国家鼓励生育政策

与东亚和东南亚地区相比西方发达国家更早的经历了低生育率时期。自20世纪70年代开始欧洲各国便陆续推出各种鼓励生育的政策，其经济扶持力度也大于东亚国家。

比如，德国自从1975年以来人口进入负增长，多生孩子成为德国的头等战略任务。政府推出奖励政策，产妇不仅可享受14周产假，且在3年内可停薪留职。同时，在家照料孩子的主妇每月可领取300欧元津贴，丈夫还因此享受优惠税。两笔钱加在一起，主妇每月最多可享受1000欧元的国家补助。挪威在孕产期可享受全额工资，由于这些政策实施了几十年，所以保持了人口稳定的生育率。在俄罗斯，婴儿与产妇均可享受补贴。俄政府决定，妇女每生1个婴儿将得到的补贴提高到1万卢布（1美元约合29卢布），对18个月以下的婴儿每月的补贴也由500卢布增加到800~1000卢布。据估算仅此一项，政府每年将支出90~100亿卢布。[①]加拿大的生育福利保障是社会福利保障制度的重中之重，政府从多方面结合以鼓励生育。工作期间的加拿大孕妇可以得到15周的假期，而且在孩子出生后，还可以

---

① 扫描多国鼓励生育政策 [N]. 共产党员，2013：60.

休35周的"父母假"。这使得他们有机会对新生儿有充分的照顾与安排。除了各种鼓励生育的福利政策，加拿大政府为使准妈妈"快乐生育"也是费尽心思。比如，医院里的产房布置得非常家庭化，这样可以减轻产妇的紧张，而且家人也可以在产房相陪，每个产房的洗手间还会设置按摩浴池，因为医生认为热水按摩可以对产妇生产时的子宫收缩阵痛有缓解的作用。

欧美发达国家二战后经历了一个短暂的"婴儿潮"后，生育率持续下降，即使后来各国相继实施了力度空前的鼓励生育政策，到20世纪末欧美发达国家还是相继进入了"超低生育率"时代。进入21世纪欧洲这种生育率的变化超出了经典人口理论对人类生育行为变化的预测。在此背景下，欧洲学者提出"第二次人口转变理论"（Second Demographic Transition，SDT）。[①] 第二次人口转变理论从后现代视角揭示了欧洲国家社会结构性变迁、文化力量冲击和个体化发展的背景下，婚姻、家庭和生育模式的重新建构，并在个体与社会结构之间关系的转型中解读了人类生育行为的新变化。这一理论对于研究中国低生育率时代的人口变化及其社会变迁具有很好的借鉴价值。

（三）对中国的启示

纵观这些国家和地区生育政策调整的案例，建议做好以下准备：

第一，广为传播人口科学知识，淡化以前只强调人口危害的片面做法，转变为全面客观的人口知识。特别要告诉人们长期低生育率、人口负增长的不良后果。目前我国在这一方面宣传过少，因此人们很少能体会与认识到问题的严重性，建议在新闻媒体上多介绍一些目前持续超低生育率国家的情况，给人们传递预警信号。淡化并逐步摒弃独生子女宣传的内容，转向强调家庭和谐、强调生育的社会价值，强调抚养孩子是对社会的贡献。

第二，为保证政策的平稳，建议规划出生育政策的过渡期，即从控制人口增长转向提倡适度生育，淡化对人口数量的要求。在适度生育的情况下，可以学习东亚国家，提出更宏大的人口发展目标，将对人口数量的关注转向人口结构、素质与分布。生育政策调整的过渡期也不宜太长，要根据情况及时转向鼓励生育。

第三，应逐步改变配套的管理制度。比如，减少需征收的社会抚养费；改革人口与计划生育工作考核评估体系，减少人口控制指标的权重，提倡使用有利于保持合理生育水平、有利于人口与经济社会协调发展的指标。

---

① 吴帆，林川. 欧洲第二次人口转变理论及其对中国的启示［J］. 南开学报，2013（6）.

第四,实际上中国一些城市已经部分出现第二次人口转变的特征①。就人口政策而言,从第二次人口转变的理论视角分析和判断中国人口未来变化的长期趋势,从共同属性来观察特殊性,能够为人口政策和生育政策的完善提供一个科学的架构。

三、适合中国的鼓励生育二孩配套公共政策思考

"全面二孩"意味着无论夫妻双方是否是独生子女,都可以合法生育两个孩子,相比于此前的试点和微调等"松动",这一真正意义上的放开二孩政策,可以说是20世纪80年代推行计划生育政策以来最大幅度的一次调整。全面放开二孩生育政策对出生人口数量及生育率的影响大小,主要取决于育有独生子女的已婚育龄妇女的规模大小、目标人群生育第二个孩子意愿的高低、政策放开后目标人群的二孩生育间隔分布、目标人群的年龄结构。② 从目前已有的数据上看,随着独生子女政策的推广实施,我国的生育率已经降到了1.5以下,即平均每个妇女只生了不到1.5个小孩,远远低于2.1的更替生育率。在"双独"和"单独"二孩政策实施之后,各个地方的反响都不够热烈,民众性响应度较低,提出生育申请的家庭数量远未达到预期值。

在生育行为上,至少两代人经历了独生子女政策的影响之后,我国人民群众的生育观念已经发生了显著的变化,对于生育决策的选择更加慎重,而不再是传统观念中单纯追求多子多福了。同时,由于社会经济的发展,人们生活水平不断提升,养育孩子的成本也在不断增加,投入不断增大极大地抑制了人们的生育行为。并且当前我国社会中大多数家庭培养高质量孩子对于生育更多孩子的替代作用也影响着家庭最终的生育决策。在这样的社会背景下,开放"全面二孩"的意义自然就非比寻常。

我国当前社会大部分民众在生育行为的选择与生育决策的制定上已经开始了"自我计划",并且中国社会也正在经历从"要我计划"到"我要计划"的生育观念与生育文化转型时期。在价值层面上,"全面二孩"政策回应了一部分民众合法生育两个子女的愿望,体现出我国政府对个体生育意愿的尊重,保障了这一群体生

---

① 刘爽、卫银霞、任慧. 一次人口转变到二次人口转变——现代人口转变及其启示[J]. 人口研究,2012(1).

② 翟振武,张现苓,靳永爱. 立即全面放开二胎政策的人口学后果分析[J]. 人口研究,2014(2).

育二孩的权利。从现实出发,"全面二孩"政策的调整为释放更大的生育潜力提供了条件,与目前中国经济社会发展的新变化相适应,因而,此次政策调整也承担着重要的社会功能。

基于以上分析,为确保"全面二孩"政策的有效实施,与之相关的配套政策自然而然应该成为各级政府下一步关注的焦点和行动的要点。总的来看,计划生育部门应当转变工作思路,将工作重心放在提高家庭发展能力,引导民众正视二孩问题。减轻全社会对女性的就业歧视和提高妇女地位,积极推动调整完善生育产假、哺乳假和配偶陪产假制度,同时要保障女性就业权益,综合考虑就业双方的利益诉求,合理制定政策标准。否则,可能会加重用人单位招聘时的性别歧视,削弱女性的就业竞争力。

其次,各级政府应该积极完善计划生育家庭的帮扶政策。一方面,加大工作力度,立足失独家庭的物质与心理需求,对失独家庭给予更多关爱,切实解决失独家庭的后顾之忧。另一方面,继续坚持和完善计划生育利益导向机制,对曾经积极响应计划生育政策的独生子女父母,兑现相关待遇,在就业、就医、养老和救济救助等方面给予优待。同时,给予二孩家庭一定程度上的税费减免,增强政策的激励效用,积极引导更多的民众响应"全面二孩"政策。

最后,应该努力搞好生育二孩的公共服务供给。及时启动相关法律法规和政策的修改、宣传和解释工作,有效化解"全面二孩"政策的法律困境与难题。全面总结"单独二孩"政策实施过程中的好做法与好经验,着力解决符合条件的家庭想生不敢生以及犹豫要不要生等问题。积极发挥政府主导作用,大力引入社会力量,着力加强生殖健康、妇幼保健、妇女就业、生育保险等方面的公共服务供给。同时,逐步将托儿和幼儿教育纳入义务教育范围,面对当前学前资源相对短缺、公办幼儿园数量明显不足的现实,做好学前教育的提前布局和相关准备,切实让符合条件的家庭想生、敢生、能生,确保"全面二孩"生得下、生得好、养得起。比如通过立法强调男性育儿责任和文化,性别平等立法应该规定男性可以请陪产假,男女都可以休育儿假,制度的设计应该鼓励男女两性平均分摊养育子女的责任。比如,台湾地区《育婴津贴办法》中规定男性女性可各自领取最长六个月的津贴,从而鼓励男性分摊育儿的责任,同时可以排除女性的就业障碍,以减少职场普遍出现的怀孕歧视,缓解职业女性工作家庭双重负担的困境。瑞典规定如果男性不休育儿假,其假期不可以转给配偶,甚至考虑给休满育儿假的男性给予额外的津贴奖励,以鼓励男性承担养育子女的责任。并且,产假和育儿假中的工资(或津贴)

不应由企业负担,而应从生育保险基金中支付。超过一定规模的用人单位应当有建立托幼设施的法律义务,而政府有义务给予经济补偿和奖励。同时也要考虑是否能够提供给育儿家庭更多元、更细致的选择,包括推行家政工培训及管理制度、建立公共的社区照顾体系等。

主要参考文献

[1] 杨云彦等. 人口转型期的计划生育利益导向机制建设 [M] 武汉：武汉大学出版社，2013.

[2] 陈功. 我国养老方式研究 [M]. 北京：北京大学出版社，2003.

[3] 安东尼·吉登斯. 第三条道路：社会民主主义的复兴 [M] 北京：北京大学出版社，2003.11.

[4] 朱燕. 西方国家社会福利政策变迁及其对我国的启示 [D] 南京：南京师范大学，2008.

[5] 李建新 中国人口结构问题 [M]. 北京：社会科学文献出版社，2009.

[6] 国家人口和计划生育委员会编：中国人口和计划生育史 [M]. 北京：中国人口出版社，2007.9.

[7] 国务院扶贫开发领导小组：中国农村扶贫开发概要 [M]. 北京：中国财政经济出版社，2003.

[8] 国家统计局农村社会调查队：中国农村贫困监测报告：2003 [M]. 北京：中国统计出版社，2003.

[9] 中国农村贫困检测报告2011 [E]. 北京：中国统计出版社，2012.

[10] 中国人权事业发展报告NO.1（2011）[R]. 北京：社会科学文献出版社，2011.

[11] 冯桥仙. 计划生育相关弱势群体及其救助——以扬州市为例 [D]. 上海：华东师范大学，2004.

[12] 朱燕. 西方国家社会福利政策变迁及其对我国的启示 [D]. 南京：南京师范大学，2008.

[13] 谭江蓉，杨云彦. 人口和计划生育利益导向政策研究：回顾与前瞻 [J]. 人口与发展，2012（18）.

[14] 周长洪. 关于计划生育利益导向机制的几点理论考 [J]. 人口与经济. 1998（2）.

[15] 穆光宗. 独生子女家庭本质上是风险家庭 [J]. 人口研究, 2004 (1).

[16] 石智雷, 徐玮. 计划生育利益导向政策对家庭发展的影响效应分析 [J]. 南方人口. 2014 (1).

[17] 李建民. 后人口转变论 [J]. 人口研究, 2000 (4).

[18] 王秀银等. 一个值得关注的社会问题：大龄独生子女意外伤亡 [J]. 中国人口科学, 2000 (5).

[19] 郭震威, 郭志刚, 王广州. 2003~2050年农村实行计划生育的老年夫妇人数变动预测 [J]. 人口研究, 2005 (2).

[20] 杨文庄, 苏扬, 包风云, 杨蕊. 构建和谐社会中的政策协调问题–以计划生育为例 [J]. 人口研究, 2007 (5).

[21] 陈友华, 沈晖. 独生子女政策与脱贫致富 [J]. 江苏行政学院学报, 2011 (1).

[22] 周德禄. 农村独生子女家庭养老保障的弱势地位与对策研究——来自山东农村的调查 [J]. 人口学刊, 2011 (5).

[23] 李建民. 中国农村计划生育夫妇养老问题及其社会养老保障机制研究 [J]. 中国人口科学, 2004 (3).

[24] 乐章. 现行制度安排下农民的社会养老保险参与意向 [J]. 中国人口科学, 2004 (5).

[25] 徐俊, 风笑天. 独生子女家庭养老责任与风险研究 [J]. 人口与发展, 2012 (5).

[26] 张必春, 江立华. 丧失独生子女父母的三重困境及其扶助机制——以湖北省8市调查为例 [J]. 人口与经济, 2012 (5).

[27] 吴正俊, 俞萍等. 农村计划生育贫困家庭状况调查分析 [J]. 西北人口, 2008 (2).

[28] 胡芳肖, 熊欣等. 基于Logistic回归的陕西农村家庭致贫因素分析 [J]. 社会保障研究, 2012 (1).

[29] 张寒梅, 吴永波. 农村计划生育家庭可持续发展研究——基于重庆市的调查报告 [J]. 重庆工商大学学报, 2009 (3).

[30] 李波平, 何雄. 计划生育家庭贫困与能力损失分析——基于可持续生计理念与森的多维贫困理论 [J]. 湖北行政学院学报, 2014 (4).

[31] 杨云彦, 李波平. 普惠型公共政策与计划生育利益导向政策的比较分析——基于湖北农村的调查 [J]. 人口与经济, 2013 (4).

[32] 崔丽,苏杨,杨文庄.惠民政策背景下计划生育政策面临的挑战和对策[J].中国发展观察,2007(9).

[33] 宋刚.浅谈民生普惠政策与计生利益导向政策之间存在的主要问题及其建议[J].人口与计划生育,2013(8).

[34] 陈火星,郭正模.农村计生政策与惠民政策的冲突与协调——以成都市龙泉驿区为例[J].人口与经济,2009(4).

[35] 刘娟.中国农村扶贫开发的沿革、经验与趋势[J].理论学刊,2009(8).

[36] 包晓霞,马宁.建立新机制面临基础性制约——对甘肃计划生育的调查与思考[J].西北人口,2005(2).

[37] 吴正俊,俞萍,吴永波.农村计划生育贫困家庭状况调查分析[J].西北人口,2008(2).

[38] 王存同.我国计划生育利益导向机制现状调查与思考[J].西北人口,2011(3).

[39] 曹立斌.计生与非计生家庭生计资本状况比较研究——来自湖北省的数据[J].人口与经济,2015(2).

[40] 邓大松,薛惠元.新型农村社会养老保险制度推行中的难点分析——兼析个人、集体和政府的筹资能力,经济体制改革,2010(1).

[41] 杨云彦,程广帅,王艳,杨世华,杨先榕.农村部分计划生育家庭奖励扶助制度的评估分析[J].人口与计划生育,2007(12).

[42] 汤兆云.计划生育奖励扶助制度实施中的问题及改进建议——基于福建泉州、厦门两地的调查[J].南京人口管理干部学院学报,2013(1).

[43] 王章佩.轨迹与特征:美国社会福利政策的演变[J].成都行政学院学报,2004(2).

[44] 杨敏,郑杭生.西方社会福利制度的启示与反思[J].华中师范大学学报,2013(6).

[45] 高俊文.提高计生家庭发展能力的思考[R].中国人口报,2012.

[46] 汤君梦.中国生育政策的选择:基于东亚、东南亚地区的经验[J].人口研究,2013(6).

[47] 吴帆,林川.欧洲第二次人口转变理论及其对中国的启示[J].南开学报,2013(6).

[48] 刘爽,卫银霞、任慧.一次人口转变到二次人口转变——现代人口转变

及其启示 [J]. 人口研究, 2012 (1).

[49] 翟振武, 张现苓, 靳永爱. 立即全面放开二胎政策的人口学后果分析 [J]. 人口研究, 2014 (2).

[50] 全国人口计生与扶贫开发相结合工作座谈会会议论文集, 2011.

[51] Bodie Z., & Merton R. C. *Pension Benefit Guarantees in the United States: A Functional Analysis*. Philadelphia: University of Pennsylvania Press, 1993.

[52] Palacios R., & Sluchynsky O. *Social pension Part I: Their role in the overall pension system*. World Bank Pension Reform Primer working paper series.

后　　记

本书为国家社会科学基金重大项目"完善人口和计划生育利益导向政策研究"（项目批准号：11&ZD038）的成果之一。书稿是在杨云彦教授的指导下，进行田野调查和多次讨论后的成稿，具体执笔的章节分别为：第一章：何雄、杜婷，其中第三节由李波平撰写，第四节由石人柄、赵二影撰写；第二章：何雄、吴云程；第三章：何雄、何冬冬；第四章：何雄、杜婷，其中第三节由石人柄、李明撰写；第五章：何雄、吴云程，其中第二节由谭克俭撰写；第六章：何雄、何冬冬；第七章：何雄、胡豪杰。全书由何雄统稿。